PAULO SÉRGIO BARBOSA CAMPOS

(IN) DISCIPLINA EM MEIO ESCOLAR: UMA ABORDAGEM HISTÓRICO-CULTURAL

Linguagens e suas Tecnologias

EDUCAÇÃO, ARTE, NOVAS CULTURAS, MUDANÇAS DE PARADIGMA, ÉTICA, GESTÃO

Porto de Idéias EDITORA

São Paulo, 2015

(In) disciplina em meio escolar: uma abordagem histórico-cultural
Paulo Sérgio Barbosa Campos

Editor
Sebastião Haroldo de F. Corrêa Porto

Coordenação Editorial
Silvana Pereira de Oliveira

Projeto Gráfico e Capa
Otávio Silva

Dados Internacionais de Catalogação na Publicação (CIP)
(Câmara Brasileira do Livro, SP, Brasil)

Campos, Paulo Sérgio Barbosa
(IN)disciplina em meio escolar : uma abordagem histórico-cultural / Paulo Sérgio Barbosa Campos. -- São Paulo : Porto de Idéias, 2015.

Bibliografia.
ISBN 978-85-8061-081-9

1. Comportamento 2. Disciplina escolar 3. Educação - Finalidades e objetivos 4. Pesquisa educacional 5. Relações sociais I. Título.

15-0335 6 CDD-371.58

Índices para catálogo sistemático:
1. Indisciplina escolar : Educação 371.58

EDITORA PORTO DE IDÉIAS LTDA.
Rua Perdões, 101 – Aclimação
São Paulo – SP – 01529.030
Fone (11) 3884-3814
www.portodeideias.com.br

“Do rio que tudo arrasta, diz-se que é violento.
Mas ninguém chama violentas as margens que o comprimem.”

Bertolt Brecht

AGRADECIMENTOS

A todos os professores, pais/responsáveis e alunos da comunidade escolar estudada.

À Capes (Coordenação de Aperfeiçoamento de Pessoal de Nível Superior), pelo financiamento parcial da pesquisa.

Ao Centro de Referência em Educação Mário Covas-SP, pelo material fornecido.

À subprefeitura da região e ao Centro de Documentação e Memória Sindical – Perus – "Os Queixadas", pela contribuição sobre as histórias da comunidade envolvida na pesquisa.

Em especial à Prof. Dra. Márcia Tiburi (Universidade Presbiteriana Mackenzie), por ter acreditado na contribuição da pesquisa e ter se disposto a participar da orientação.

À Dra. Petra Sánchez Sánchez, pela bolsa parcial Mackpesquisa.

À Prof. Dra. Regina Célia F. Giora, por sua atenção ao "diferente", pelas dicas, pelo amor ao que faz e paixão com que passa isso aos alunos em suas aulas, pela empatia.

À Marta Kohl de Oliveira, a Júlio Groppa Aquino e à Tereza Cristina Rebolho Rego (Universidade de São Paulo), cujos estudos já realizados por eles contribuíram decisivamente com a arrumação destas ideias.

Ao Prof. Dr. Vitor Henrique Paro, pela acolhida fraternal no Gepae (Grupo de Estudos e Pesquisas em Administração Escolar).

Agradecimento especial também ao Prof. Dr. Elie Ghanem, pela contribuição inicial e por fazer-se estar presente na Banca de Qualificação.

Nós pedimos com insistência:
Não digam nunca: isso é natural!
Diante dos acontecimentos de cada dia.
Numa época em que
Reina a confusão.
Em que corre sangue,
Em que se ordena a desordem,
Em que o arbitrário tem
força de lei,
Em que a humanidade
Se desumaniza.
Não digam nunca:
Isso é natural!

Bertolt Brecht

PREFÁCIO

O estudo de Paulo Sérgio Barbosa Campos aqui apresentado tem como referência a concepção histórico-cultural que considera o ser humano como produto das relações sociais experienciadas em seu meio sociocultural em processo constante que passa do plano inter para o intrassubjetivo. Nesse sentido, ao contrário de se compreender a disciplina e a indisciplina em meio escolar como um fenômeno inerente às condições próprias do aluno tanto pessoais quanto familiares, ela é analisada do ponto de vista das relações humanas no âmbito das práticas sociais e, sobretudo, das pedagógicas. Dessa forma, o objeto de estudo é visto como consequência de sua constituição nas relações sociais institucionais, com implicações nas práticas pedagógicas e escolares. A pesquisa buscou investigar os condicionantes da disciplina e indisciplina escolares em uma escola pública de ensino básico da rede estadual de ensino localizada em um bairro da periferia da cidade de São Paulo. O objetivo geral da pesquisa foi identificar o que operacionalizava a indisciplina em meio escolar. A pesquisa bibliográfica norteadora para a investigação referendou autores e concepções diversas acerca da disciplina e indisciplina em meio escolar. Do ponto de vista teórico, referências diferenciadas como as de Durkheim e Foucault foram utilizadas a fim de contrastar definições de disciplina frente a um novo paradigma contemporâneo. A coleta de dados foi realizada, principalmente, com a observação direta, depoimentos, experiências práticas e aplicação de questionários entre os anos de 2011 e 2013. Pais, professores e alunos participaram das entrevistas, produziram depoimentos e responderam a perguntas. Tanto a disciplina quanto a indisciplina são socialmente construídas e situadas contextualmente. A indisciplina é de natureza histórica e é inerente ao ser humano em sua ação no mundo. A condição de ser inacabado torna o sujeito em processo de aprendizagem e transformação constantes. As mudanças decorrem das experiências mediadas pela linguagem em seu meio histórico, social e cultural. Assim, o que torna o indivíduo disciplinado ou indisciplinado são as normas que o conduzem. Com base na perspectiva sócio-histórica que serve de arcabouço para a abordagem histórico-cultural da educação, o estudo apresentado pelo autor procurou verificar – por meio de um estudo de caso – o que motivaria a disciplina e a indisciplina em meio escolar.

Sebastião Haroldo de Freitas Corrêa Porto

SUMÁRIO

INTRODUÇÃO 13

CAPÍTULO I – A invenção da (in) disciplina 21

(In) disciplina: em busca de uma definição 21
A palavra disciplina 21
Uma questão paradigmática 28
O que se diz da indisciplina 30
Indisciplina e Violência 31
Indisciplina e Civilidade 36
A questão dos valores, a ética e a moral 38
A contribuição de Durkheim 41
A autonomia 44
História da (in) disciplina escolar 46
A disciplina na visão de Michel Foucault 52
Relações e formas de poder 58
A abordagem histórico-cultural da Educação 70

CAPÍTULO II – Contextualização da pesquisa 80

Metodologia da pesquisa 80
Historicidade da comunidade escolar 82
O *locus* escolar e a experiência vivida 93
Características, organização e funcionamento do *locus* escolar 97
O vínculo do pesquisador com o *locus* escolar envolvido 99

CAPÍTULO III - Coleta e análise de dados 102

A coleta dos dados 102
Os tipos indisciplinados e outros casos para análise 104
Três episódios a serem analisados 108
A (in) disciplina sob a ótica dos indivíduos estudados 121
A (in) disciplina na concepção dos docentes 122
A (in) disciplina na concepção dos pais/responsáveis 133
A (in) disciplina na concepção dos discentes 141

CONSIDERAÇÕES FINAIS 152

REFERÊNCIAS 175

ANEXOS 186

INTRODUÇÃO

Desde quando pensei na probabilidade de fazer uma Pós-Graduação na área de Educação, acreditei na possibilidade de ter a (in) disciplina como objeto de estudo.

A vontade que me movia neste sentido teria sido o contato com as diversas tentativas de confronto, realizadas nos últimos anos, de estabelecer uma relação entre (in) disciplina e aprendizagem e, em consequência disso, averiguar as reais motivações de tais comportamentos em meio escolar. Essa inquietação se dá em constante valia no sistema de educação escolar oficial de ensino, especificamente nas escolas de massa (escolas nas quais a educação escolar torna-se obrigatória e gratuita, e são assegurados os direitos de acesso e permanência a todos) onde dar aula – principal atividade do professor – tornou-se um desafio.

A produção acadêmica dos últimos 20 anos contemplaram, significativamente, pesquisas contundentes que geraram explicações com base em modelos psicológicos e sociológicos. Pesquisas em educação se dedicaram, há décadas, para oferecer uma resposta plausível para tal problemática. A literatura da área apresenta inúmeras pesquisas descritivas de estudos de caso.

Na busca de solução para o problema, a mídia especializada gerou, nos últimos anos, manchetes que trazem constantes questões desafiadoras, por exemplo: Como se resolve a indisciplina?. Uma busca incessante por uma resposta a algo que está aparentemente longe de ser respondido por pais, educadores e professores que não conseguem controlar os que deveriam estar atentos para aprender com os mestres.

De início, faz-se necessário salientar que uma pesquisa cujo objeto é "disciplina e indisciplina escolares" torna-se interessante, em tempos atuais, uma vez que episódios de indisciplina escolar de todo tipo tornaram-se uma constante a ponto de já se configurarem violências esterilizadoras do trabalho pedagógico de escolas públicas e privadas. Por outro lado, a temática da indisciplina em meio escolar se constitui como um complexo objeto de pesquisa, pois estudá-la demanda verificar diferentes condicionantes em contextos diversificados. E isso obriga a uma reflexão cuidadosa sobre a forma de colocar as questões, de definir o objeto e de recolher os dados, pois adentra um terreno sensível cujo problema é de natureza multifacetada relativamente de causas e efeitos.

Dessa forma, a investigação elucidou várias questões, como examinar a natureza da (in) disciplina produzida em meio escolar e averiguar as justificativas que já foram dadas para tal problema. Questões que alavancam uma série de outras, como: Há, necessariamente, relação entre (in) disciplina e aprendizagem? Sob que aspecto? O que realmente, ou melhor, que tipo de comportamento pode ser tido como indisciplinado? Em que circunstâncias alguém pode tornar-se indisciplinado? Por que discentes em meio escolar comportam-se de maneira considerada abominável por educadores da escola oficial de ensino? Por que, muitas vezes, a indisciplina verificada em estudantes, ora tende a se estender, ora esses comportamentos são contidos? Em que situações eles se expandem? Esses discentes realmente são aberrantes? Nada está ao seu favor? Não há por trás da construção do ato indisciplinado um ideal de comportamento padronizado? Teria nascido juntamente com a ideia de escola? Onde está, a fundo, a ideia de disciplina na escola?

Inicialmente o ponto de partida era a relação entre disciplina e aprendizagem no contexto escolar. A indisciplina era, na maior parte das pesquisas existentes, o elemento negativo que impediria a aprendizagem escolar. No sentido mais comum, a ausência de aprendizagem ou a dificuldade de aprendizagem passou a configurar, nos campos científicos e não científicos, sob o par indisciplina-aprendizagem. Essa relação foi apresentada muitas vezes no contexto das pesquisas como necessária. Eu visava, a partir de um questionamento sobre tal caráter necessário, compreender as reais causas de comportamentos denominados sob o termo indisciplina. A indisciplina era, no contexto geral, o negativo da disciplina, mas isso não resolvia a questão. Eu queria entender a indisciplina mais profundamente. Em outras palavras, as coisas não estavam bem claras na associação entre aprendizagem e disciplina, porque embora haja possibilidade de se medir a aprendizagem por seus efeitos, muitos estudantes não indisciplinados também têm dificuldades de aprendizagem. Do mesmo modo, a indisciplina de certos alunos não provoca, necessariamente, maus resultados em exames escolares. Passei a grafar "(in) disciplina" com o prefixo "in" entre parênteses para indicar a relação entre a disciplina e seu negativo. Portanto, o par inevitável não era disciplina e aprendizagem, nem indisciplina e aprendizagem, mas havia algo a compreender entre a disciplina e a indisciplina. Elas eram muito mais íntimas e de um jeito que, até então, parecia insuspeito. A partir daí passei a grafar da forma indicada, por perceber que havia uma intimidade entre esses opostos.

A disciplina sempre esteve associada à observação e à obediência às regras, quaisquer que fossem essas regras. Parece, no entanto, que a indisciplina, entendida, por exemplo, como desordem, caos, confusão, violência, passou a configurar uma espécie de paradigma de comportamento e ação. Dessa forma, o agir com o desconhecimento de normas ou regras, ou simplesmente não obedecê-las por recusa, passou a ser um novo e desejável modo de ser.

Nesse ínterim, tornou-se também parte significante para a efetivação da pesquisa saber as percepções de todos os atores – professores, alunos, pais/responsáveis – na questão da (in) disciplina escolar. Assim como fez-se imprescindível entender o contexto em que as manifestações de (in) disciplina eram realizadas para se compreender suas reais motivações.

Para entendermos o estatuto da disciplina e da indisciplina escolares faz-se necessário compreender o estatuto da (in) disciplina enquanto fenômeno social, seu lugar, seus limites, assim como o papel da escola no contexto sócio-histórico em que a questão está sendo analisada. Estudar a (in) disciplina em meio escolar, sob essa perspectiva, obriga-nos a compreendê-la enquanto elemento cultural, situada no tempo e espaço. Tempo e espaço em cuja dinâmica estão inseridas as experiências pessoais e coletivas nas quais os sujeitos estão submetidos o que envolvem-nos em processos contínuos de significação e ressignificação de saberes e reinvenção de significados.

A literatura da área contemplou quantitativamente pesquisas com base em modelos que sinalizavam respostas com estreito vínculo à cultura da violência ou à questão da pobreza, outras atribuíam o problema da indisciplina escolar ao "despreparo" dos professores. Nessa linha, tentou-se até mesmo relacionar a indisciplina de discentes à metodologia de ensino utilizada, ou à "postura" de professores, associando o tema à questão da autoridade em sala de aula, como se sala de aula fosse lugar de se exercer "autoridade". Outros pesquisadores relatavam que a explicação para casos de discentes que apresentavam problemas ligados à indisciplina escolar estava na desestruturação das famílias, na ausência dos pais no processo educativo dos filhos – a falta de limites. Para esses, aos indisciplinados faltou imposição de limites.

Esses estudiosos encomendam encaminhamento a profissionais (psicólogos, terapeutas, entre outros), sugerindo ser esse um problema exclusivamente patológico. Tais conexões passaram a fazer parte da cultura escolar respaldadas pelo paradigma de disciplina escolar formado por elementos ideológicos do comportamento desejável e correto. O que faz pensar que comportamentos indisciplinados são essencialmente negativos, "atrapalham" a aprendizagem escolar, revelam falta de educação e devem ser enfrentadas por medidas moralizadoras, punitivas ou médico-psicológicas. Os portadores de tais comportamentos deveriam ser culpabilizados, punidos ou curados, de modo que esses comportamentos fossem de alguma forma eliminados. A coerção predomina como método. Esse modo de pensar permite classificar certos alunos como indisciplinados e concluir que eles requerem, para mudança de comportamento, imposição de limites e transmissão de valores no intuito de suprir a suposta "deficiência moral".

Diante da complexidade do objeto, e com base em experiências vividas, outras questões foram levantadas quanto ao cenário da (in) disciplina e, a partir disso, propomos esta pesquisa. A primeira hipótese é que as respostas para as causas não estavam suficientemente claras para ninguém. Há muitas respostas e, provavelmente, para cada uma delas surge um novo problema com muitas respostas. É preciso pensar mais profundamente na própria questão da "causa" para casos de aparecimento e proliferação de comportamentos indisciplinados em meio escolar. O discurso tanto científico quanto do senso comum parece concordar sobre o aspecto pessoal e da falta de limites de um indivíduo indisciplinado. Ao mesmo tempo, a questão da causa da indisciplina parece ser a sua própria resposta. A equação parece simples: se alguém não recebeu limites, logo é indisciplinado. Mas esse tipo de abordagem não camufla algo mais complexo a ser levado em consideração? O discurso competente é, ao mesmo tempo, baseado na autoridade. E "autoridade" sempre impõe um ponto de vista. Minha hipótese nesse sentido é de que poderíamos entender o sujeito heterodenominado indisciplinado por ele mesmo, observando o que faria com a categoria indisciplina com a qual é marcado. De que modo ele se relaciona com a categoria indisciplina? O que ele pensa do que pensam dele? Desse modo, analisando o que os pesquisadores pensam da indisciplina, resolvi inverter um pouco o jogo e pesquisar o que pensam as próprias partes interessadas: pais/responsáveis, professores e, sobretudo, os estudantes. Talvez eles tivessem alguma novidade para o campo de estudos, e eu poderia deixar meu objeto de estudo falar, considerando os sujeitos que estão além da autoridade.

Depois disso, diante da complexidade do tema, novas questões foram arranjadas, tais como: qual a natureza da indisciplina em meio escolar? O que motivaria a prática de comportamentos indisciplinados? A escola também seria um espaço potencializador de indisciplina? A qualidade de gestão que também implica o nível de organização escolar interfere no contexto em que se insere o (in) disciplinado? Para responder a tais perguntas, foi dada voz a sujeitos envolvidos no processo – enquanto vitimantes e vitimados – em uma determinada comunidade escolar, *locus* de observação e investigação.

Em consonância com isso, o objeto do estudo passou a ser a investigação acerca da compreensão dos processos disciplinares verificados tanto em sala de aula quanto nos entornos escolares, quando foram averiguadas motivações de disciplina e indisciplina em processo de relações sociais no âmbito pedagógico, assim como nos modos de operação e funcionamento de uma escola pública.

Sobre a perspectiva para o tratamento da questão, verificou-se que, tradicionalmente, a abordagem sociológica e a psicológica eram as mais usuais. Impossível seria negligenciar a importante contribuição dada por tais áreas. Estudos de caso com rigor metodológico e científico da psicologia contribuíram com respostas, ainda que parcialmente, para o problema. Por meio de métodos de observação em escolares, constatou-se que a indisciplina escolar tem seus condicionantes também enraizados em processos motivadores individualizados como os de ordem pessoal (a motivação comportamental ligada a valores como falta de interesse e preguiça ou falta de limite) e os de níveis patológicos – e que muitas vezes estão inter-relacionadas – como os demonstrados em casos de TDAH (Transtorno do Déficit de Atenção e Hiperatividade), distúrbios de aprendizagem, transtorno bipolar, autismo, dislexia etc. Tais estudos são também contribuintes para os estudos da área, pois ajudam a apontar causas da indisciplina em meios escolares relacionadas a motivações pessoais diversas, ora ligadas a questão dos valores, ora por motivação orgânica, pois se sabe – comprovadas cientificamente – que essas alterações refletem substancialmente nas relações sociais. Tais constatações inferem que nas atividades escolares isso não pode ser diferente, uma vez que as relações sociais são imprescindíveis no trabalho de educação escolar e inferências orgânicas interfeririam nessas atividades, especificamente nas relações entre seus pares e na relação professor-aluno. As motivações para a indisciplina em meio escolar, de acordo com as pesquisas da linha psicológica, teriam estreita relação com dificuldades individuais de convivência social (causados por motivações orgânicas e fisiológicas, ou até mesmo por deficiência intelectual) para assimilação do conhecimento sistematizado disponibilizado na educação escolar. A validação científica dessas constatações é importante, pois torna-se necessário no processo de triagem na lida com a indisciplina no trabalho profissional com educação escolar diferir o discente que não consegue desenvolver as atividades propostas (por dificuldades desta natureza) daqueles que não querem ou não se empenham em resolver as situações de aprendizagem propostas na escola por resistências, desmotivação ou simplesmente por preguiça intelectual.

Entretanto, queria-se ir à contramão da crescente tendência dos últimos anos: a psicologização do cotidiano escolar. Perspectivas das linhas sociológicas também sugeriram muitos direcionamentos, contudo, tornavam-se ainda insuficientes, pois respondiam, ainda parcialmente, às questões para as quais se buscavam respostas.

A perspectiva histórico-cultural – advinda da psicologia sócio-histórica – foi a abordagem mais apreciada, pois encara o indivíduo como sujeito em processo e que se constrói a partir de interações com o meio físico e social em que a linguagem exerce estatuto de mediadora nos processos inter e intrasubjetivos. Nessa perspectiva, o indivíduo é o principal sujeito de intervenção e transformação no mundo.

Partindo dessas premissas, constituir-se-ão objetivos desta pesquisa identificar e analisar situações protagonizadas por discentes considerados indisciplinados em meio escolar; investigar suas reais motivações; descrever o que operacionaliza a disciplina e a indisciplina em meio escolar; verificar o contexto de manifestação; assim como discutir ações práticas que dizem respeito às motivações e formas de controle das práticas de indisciplina em uma comunidade escolar.

De acordo com o exposto acima, este livro compõe-se de três capítulos:

No primeiro capítulo, "A invenção da (In) disciplina", buscar-se-á definir a disciplina e indisciplina escolares. Para isso, serão apresentadas no primeiro item variadas definições, desde a apresentada pelo dicionário àquelas demonstradas em pesquisas sobre a temática. Também será demonstrado, em análise contrastiva, o conceito de disciplina realizado nas práticas sociais numa busca de definição para um novo paradigma de disciplina emergente na contemporaneidade. O segundo item desse capítulo apresentará uma retrospectiva histórica da (in) disciplina escolar. Será apresentada a disciplina na visão de Foucault, as formas e relações de poder. Michel Foucault é o pensador que mais nos auxiliará para confrontar a complexa realidade da instituição escolar enquanto meio social de produção e reprodução de manifestações de poder na qual indivíduos estão inseridos. Ele nos auxiliará na compreensão das interconexões existentes nas dinâmicas do poder nas quais os processos disciplinares estão imersos. Para Foucault, a disciplina é manifestação de controle com finalidade de construção do ser "dócil", indivíduo disponibilizado à manipulação. A compreensão de tal tática permite compreender como o fato de estigmatizar e reprimir, por meio de procedimentos institucionalmente legitimados e/ou legalmente previstos, são incitados nas práticas escolares como formas de manipulação e manutenção de *status quo*.

Para contextualizar o estudo, o segundo capítulo descreverá a metodologia utilizada na pesquisa assim como as condições históricas e culturais em que os indivíduos estão inseridos e as práticas de disciplina e de indisciplina nas quais são manifestadas.

No terceiro capítulo será apresentada a análise dos resultados, onde serão examinadas as práticas aferidas nas coletas de dados, quando casos e episódios serão analisados; também serão apresentadas a disciplina e a indisciplina escolares sob a ótica dos indivíduos pesquisados.

Na constatação de algumas formas de disciplina e indisciplina que dinamizam a vida cotidiana da escola, é preciso apreender, na ambiguidade desses fenômenos, seus modos específicos de manifestação. É nesse sentido que foi desenvolvida e será apresentada esta pesquisa. A escola enquanto agente institucional de conhecimento, poder e resistências. O professor enquanto profissional do ensino, especificamente de sala de aula, principal meio escolar desencadeador das práticas de indisciplina. O material recolhido na pesquisa de campo permitiu averiguar os principais condicionantes que operacionalizam os casos de disciplina e indisciplina escolares assim como os modos de controle como formas potenciais de motivação.

Sem a intenção de esgotar a problemática, esta pesquisa pretende contribuir com novas investigações sobre o tema.

CAPÍTULO I

A invenção da (in) disciplina

(In) disciplina: em busca de uma definição

A palavra *disciplina* é de natureza polissêmica (ESTRELA, 1992). Tanto a verificação de sua etimologia quanto a análise do uso corrente em língua portuguesa poderá nos auxiliar na compreensão do conceito que exige hoje uma abordagem interdisciplinar.

A palavra disciplina

A palavra disciplina tem origem no termo latim *discere*, que significa aprender. Ao ser inclusa no léxico do português lusitano, já tinha o significado do dicionário etimológico: "regime de ordem imposta ou livremente consentida; relação de subordinação do aluno para com o mestre ou instrutor; doutrina, matéria de ensino" (CUNHA, 1997). Em estudos sobre a disciplina e a indisciplina na aula e suas relações pedagógicas, Estrela (1992) acrescenta que disciplina é um termo "de origem latina e tendo a mesma raiz que discípulo" (p. 17), confere-lhe a ideia de algo a "ser seguido".

Garcia (2006) define o sentido etimológico do termo como "aquilo que se imparte a um discípulo" (p. 70). Esse pesquisador apresenta duas possibilidades de interpretação com base nas raízes epistemológicas: uma delas reside na palavra latina *discípulus* – composta do prefixo *dis* e do verbo *capere* – que, no sentido literal, pode ser interpretada como *um indivíduo que se apropria de algo que lhe está sendo mostrado ou indicado* – daí o sentido de discípulo como aquele que segue, que acompanha alguém para aprender. A outra possibilidade é ressalvada do verbo latino *disco*, comumente traduzido para o português como ato de aprender ou *tornar-se familiarizado*. Esse termo é de raiz primitiva grega, da qual deriva uma grande família de palavras que se naturalizaram no português – mais de que em outras línguas latinas – e que entre elas está a palavra *didática*. Com o sentido de seguir ou acompanhar, o termo disciplina pode se referir a algo a ser seguido, de cuja raiz se declina termos como educar e docência, com os quais compartilham um sentido de transformação (GARCIA, 2006, p. 70).

Carvalho (1996) apresenta uma reflexão em torno da utilização da palavra disciplina, que consiste em "relação de instrução entre mestre e discípulo, imposição e respeito à autoridade – método – regras", "ramo de conhecimento científico e conjunto de regras destinadas a manter a boa ordem". Estrela (1992) complementa esse estudo acrescentando ao lexema significados como "punição; dor; instrumento de punição; direção moral; regra de conduta para fazer reinar a ordem numa coletividade; obediência a essa regra" (ESTRELA, 1992, p. 17).

Devido sua natureza polissêmica – por isso, a extração de significados devem sempre ser feitas a partir da compreensão do contextos específicos – verifica-se que analisar a disciplina exige interpretação diafásica e diatópica.

No que diz respeito à variação diafásica, Garcia (2006) constata que o mais antigo dos significados para disciplina é o castigo, o que pode contextualizar uma explicação mais palpável para a noção atual de disciplina como imposição de regra, ordem ou outros meios de regulação social (p. 71). Isso porque os padrões estabelecidos para a disciplina, especialmente a constatada em meios escolares, assim como os critérios adotados para identificar a indisciplina, guardam relações com a noção de controle sobre indivíduos, e, não obstante, relacionam 'disciplina' a um comportamento de conduta.

O vocábulo *disciplina* no Dicionário Unesp (BORBA, 2011) apresenta três entradas: "Sf.1. comportamento metódico segundo os princípios da ordem e da obediência; 2. Matéria escolar; 3. Observância estrita das regras de uma organização" (BORBA, 2011, p. 443).

No que se refere à segunda entrada do dicionário de Borba (2011), "Matéria escolar", o termo disciplina é utilizado como sinônimo de matérias escolares, um vocábulo usual e muito corrente na linguagem dos estudantes de ensino básico e que, segundo Chervel (1990), só foi empregado nas primeiras décadas do século XX. Até o fim do século XIX, a palavra disciplina era utilizada somente para designar condutas e atitudes referentes à ordem e às regras estabelecidas para funcionamento das instituições. A utilização da expressão com flexão verbal 'disciplinar' era utilizada como sinônimo de praticar ginástica ou praticar exercício intelectual. Até então, o termo teria sido utilizado somente para designar objetos, partes, ramos ou ainda matérias de ensino.

Após a Primeira Guerra Mundial, o termo disciplina torna-se uma rubrica que classifica as matérias de ensino,

> dando um caráter aos conteúdos, como sendo próprios do ambiente escolar, mas não se desvinculando por completo de seu sentido de exercitação intelectual, já que é acompanhado por métodos e regras para abordar os diferentes domínios do pensamento, do conhecimento e da arte (CHERVEL, 1990).

Em análise contrastiva entre disciplina e indisciplina, podemos constatar que na morfologia do termo tem-se o vocábulo indisciplina como antônimo. Tal constatação se dá pelo fato de se utilizar o prefixo -in (denotador de negação, ausência) na formação da palavra. O Dicionário da Língua Portuguesa Evanildo Bechara define indisciplina como "Ação ou atitude contra a disciplina exigida, desobediência." (BECHARA, 2011, p.728).

No entanto, o estudo de um objeto que se inicia com a análise da palavra, cuja finalidade é a sua compreensão, faz-nos compreender que somente a análise formal não constituiria um método cientificamente suficiente para essa proposta, pois para a compreensão significativa de uma palavra deve-se levar em conta seu valor semântico, uma vez que todo signo é veículo significante de uma ideologia de seu significado. Assim,

> [...] embora cada tipo de disciplina tenha sua especificidade, todos eles se inscrevem num código ético de caráter social que é resultante de certa "mundivivência", concorrendo para a harmonia social. Por isso, não se pode, assim, falar em disciplina ou em indisciplina independente do contexto sócio histórico em que ocorre (ESTRELA, 1994, p.15).

Por isso, sem a contextualização devida,

> [...] é pouco esclarecedor que, ao se referir à disciplina ou à indisciplina tocamos não em um conjunto fixo de modalidade de comportamentos, mas em uma série de atitudes que em diferentes contextos linguísticos e sociais podem representar ou requerer diferentes comportamentos [...] (AQUINO, 1996, p. 133).

No que diz respeito especificamente à disciplina e à indisciplina escolares, outro pesquisador se expressa assim:

> O que é disciplina? O que é, sua negação, indisciplina? Não é tão simples. Se entendermos por disciplina, comportamentos rígidos por um conjunto de normas, a indisciplina poderá se traduzir de duas formas: a revolta contra essas normas ou o desconhecimento delas (DE LA TAILE, 1990, p. 104).

De acordo com o autor mencionado, percebe-se que há uma versão um pouco simplista sobre a conceituação de disciplina e de indisciplina escolares. Para esse pesquisador, por disciplina entende-se o comportamento regido por um conjunto de normas, enquanto que indisciplina seria o desconhecimento das normas ou a resistência moral a elas, o que nos faz entender ser um problema apenas de caráter isolado e interdependente, o que torna-se instigante de cuidados quanto a seu campo conceitual e exames de modo mais aprofundado.

Em razão dos cuidados referentes às fronteiras conceituais, a definição de disciplina também foi verificada em dois dicionários de filosofia. Foi constatado que o termo disciplina é definido em ambos numa visão dialética. As definições são teorizadas com base em conceitos kantianos de disciplina e denotam, respectivamente, "função negativa ou coercitiva de uma regra ou de um conjunto de regras, que impede a transgressão à regra" e "coação graças à qual a tendência permanente que nos leva a desviar-nos de certas regras é limitada e finalmente extirpada" (ABBAGNANO, 1999, p. 289; CAYGILL, 2000, p. 104).

A terceira entrada do dicionário Unesp (2011) descreve disciplina como "3. Observância estrita das regras de uma organização." (BORBA, 2011, p. 443).

Em busca de uma nova compreensão da definição de disciplina condizente com as demandas atuais, buscamos a significação de disciplina fora do contexto escolar. Para isso, optamos por – verificando como o lexema 'disciplina' se atualiza em textos não didáticos veiculados socialmente para, a partir da análise do campo semântico do termo 'disciplina' utilizado nestas linguagens de concepção sugerida nas relações sociais atuais e cotidianas, e não somente as utilizadas em contextos escolares – propormos uma breve análise contrastiva. Dessa forma, recorremos a dois textos utilizados em contextos sociais diferentes do escolar. O primeiro é um comprovante de movimentação bancária. O segundo é um texto retirado de uma coluna de jornal de grande circulação no Brasil, notável pelas publicações e pesquisas de campo na área de pesquisa de opinião.

A íntegra dos textos analisados será mantida para que o contexto dos termos analisados seja preservado.

Texto 1

"Créditos a partir de 04/05/2012 estão *disciplinados* pela MP" 567/2012 Fonte: SISBB – Sistema de Informções Banco do Brasil. Comprovante de transferência de conta corrente para poupança. Autoatendimento. 07/06/2013, 17:51:13, 571771076, 205.

Texto 2

A diferença é a marca

A diferença entre um tablet fabricado na China e o mesmo tablet igualzinho, só que com a marca Apple, é a marca da Apple.

A marca não é só um logo estampado num produto, mas um conjunto de valores e atributos tangíveis e intangíveis que essa marca carrega e aquele logo anunciam. A construção de uma marca é uma obra empresarial suada, que leva tempo, feita com *disciplina e profissionalismo*.

A marca não é como muitos pensam fruto só de publicidade. Ela é uma verdade, um sonho ou uma fantasia. A única coisa que ela não pode ser é uma mentira. É uma verdade mesmo que essa verdade seja a fantasia da Disney.

Uma marca também é definida por coisas que não é Louis Vuitton, por exemplo, não é barato. A marca se gaba de nos últimos anos não ter feito liquidação. Por isso, quem a usa carrega não só uma bolsa, mas uma bolsa cara, que leva toda a história da casa Vuitton.

As marcas não vendem só luxo, exclusividade ou frescura. Quem compra na Zara, por exemplo, ostenta inteligência: "Sou mais inteligente porque me visto bem na Zara, comprando o que está na moda sem pagar o preço alto da moda".

Para isso, a Zara é um prodígio de seguir a moda sem copiar seus custos, abrindo lojas bem na frente das marcas de luxo.

As marcas, assim como os grandes jornais que amamos, têm que ter conselho editorial e editor-chefe. Steve Jobs foi o maior editor-chefe empresarial dos últimos tempos. Construiu a marca Apple pelas coisas que fez e não fez como não dar ouvidos ao consumidor, impondo sua própria vontade.

Num mundo onde virou moda certos clientes maltratarem suas agências de propaganda (refluxo da arrogância das agências nas décadas de 70 e 80), Jobs colocou a agência TBWA dentro, fisicamente, do prédio da Apple e construiu junto com ela alguns dos melhores momentos da publicidade, a ponto de em alguns comerciais ele mesmo fazer textos e até locução.

Jobs soube também explorar com maestria as relações públicas. Todos temos no imaginário o Steve Jobs de jeans e gola rolê apresentando a um auditório lotado e em frenesi o próximo lançamento.

Ele fez da coletiva um instrumento midiático moderno, global e excitante. E usou o design para tornar um aparelho único porque o design o fazia parecer único mesmo quando não era tão único assim.

O silêncio, a discrição e quase nenhuma publicidade podem também construir uma marca.

A família Safra é um exemplo. Discretos, construíram uma marca e várias casas bancárias com uma ferramenta de marketing poderosa, o "no marketing".

O "no marketing" não é só ser discreto e "low profile". É também ter fama de discreto e "low profile". Construir a cultura do "no marketing" é repeti-la com exaustão dentro da organização e fazer com que todos a conheçam e se comportem assim.

Indo de um polo a outro, marcas como Redbull foram inventadas com todo o barulho e ferramentas de marketing, de forma tão revolucionária quanto o silêncio dos Safra.

Adotando os esportes radicais, o gênio de seus criadores fez de uma bebida de gosto estranha marca de aceitação global. Redbull é a energia do novo. Com o patrocínio dos esportes de alto risco e alta energia, tornou-se sinônimo mundial de energia, uma ação de "branding" maciça que consumiu, pasmem 35% do seu faturamento.

Apple, Safra e Redbull são "brandings" diferentes, unidos pelo alinhamento total entre a marca e a cultura da organização empresarial. Como Ralph Lauren, cuja vida se confunde com a marca e a empresa que levam seu nome. Criaram valores, processos e crenças, conhecidos por todos, que terão de ser respeitados mesmo quando ele não estiver aqui para lembrá-los.

O mundo da moda é o mais dinâmico usuário dos instrumentos de marketing. Como fica velha todo ano, a moda tem que se tornar anualmente jovem e renovada. As diferenças podem vir nas embalagens, no produto, na publicidade, no preço ou na tecnologia e na inovação.

Num mundo lotado de marcas e ferozmente *competitivo*, ninguém sobrevive ou constrói marca se não tiver uma diferença clara e se a organização não estiver *alinhada, consciente* e *doutrinada* a trabalhar para não esquecer nem deixar o consumidor esquecer aquela diferença.

Fonte: GUANAES, Nizan. A diferença é a marca. *Folha de São Paulo*. Caderno B6 Mercado, 19 fev. 2013.

Quanto à análise do texto 1, observa-se que nessa comunicação realizada por um banco a seus clientes, o vocábulo disciplinado é um termo adjetivado oriundo do substantivo disciplina, cuja flexão na voz passiva carrega consigo uma estreita relação com a ação de quem se submete a normas. Nesse contexto, o termo '*disciplinados*' é equivalente a '*normatizados*', ou seja, o que estão de acordo com as regras, de acordo com as normas de um órgão superior, – conferindo-lhe relação de sinonímia.

O texto 2 apresenta o termo 'disciplina' com o sentido de *persistência*. Tal assertiva sugere um novo conceito de disciplina que não necessariamente está preso à ideia de respeito, obediência cega ou temor. A significação depreendida do termo 'disciplina' não veicula a ideia de hierarquia, mas relaciona-a com 'maneira de adequar-se', de estar de acordo com regras que normatizam uma relação no contexto de prestação de serviços de um orgão aos seus usuários com a "qualidade" daquilo que se deseja atender para uma determinada demanda. Esta detecção leva-nos a desconfiar que a escola atual ainda apresenta em suas práticas pedagógicas, modelos disciplinares que só reproduzem as relações de classe da sociedade capitalista vingando suas práticas somente para 'exercício de poder sobre os corpos' cuja submissão visa à "docilidade" para expectativas hierárquicas sociais, sobretudo locais.

Levando em conta a constatação do uso do termo com novas significações utilizadas na contemporaneidade, é possível lançar a hipótese de que estamos diante da necessidade de se repensar o papel da disciplina na sala de aula e na escola, tendo em vista que na sociedade, na vida prática, a disciplina ocorre por meio de diferentes convenções.

Uma questão paradigmática

A tese que defendemos aqui é de muita valia àquilo que Aquino (1996) já havia defendido em seus estudos quando disse que com a

> crescente democratização política do país, em tese, a desmilitarização das relações sociais, uma nova geração se criou. Temos diante de nós um novo aluno, um novo sujeito histórico, mas, em certa medida, guardamos como padrão pedagógico a imagem daquele aluno submisso e temeroso (AQUINO, 1996, p. 43).

Para Aquino (1986) o olhar sócio-histórico da indisciplina torna-a compreensiva de "força legítima de resistência" e tentativa de "produção de novos significados" o que ainda estariam sendo renegados pela escola enquanto agência transmissora. Para ele, a escola funciona como instituição idealizada e gerida para um determinado tipo de sujeito, estando ocupado por outro. Com estas palavras, ele nos alerta para a possibilidade de que os processos disciplinares aplicados nos meios escolares dos tempos modernos – quando ainda a escola absorvia elementos militarizados e que visavam à formação de "corpos dóceis" (Foucault, 1985,1987,2004) – não mais atendam às demandas do paradigma de 'disciplina' contemporâneo.

A disciplina e a indisciplina escolares têm sua dialética enraizada em processos históricos cujos traços ideológicos são extraídos de "verdades" advindas de poderes políticos e religiosos. Poderes que por sua vez impuseram condutas, estimularam práticas, produziram e segregaram saberes. Assim foi composta a cultura disciplinar na educação escolar. Na contemporaneidade, a disciplina se configura de novos conceitos e significados. O novo paradigma concebe a disciplina enquanto possibilidade de mediação de conflitos submersos nas relações das práticas sociais. Isso remete a uma leitura que transcende o espaço da sala de aula e da escola, de modo a perceber as estreitas articulações que se dão entre as várias esferas dos organismos sociais: diferente da disciplina para a guerra em que os confrontos físicos eram condições necessárias para definir o ganhador e o perdedor, e diferente da disciplina para as práticas religiosas em que o ser disciplinado busca a paz de espírito e a contemplação. O paradigma contemporâneo de disciplina está associado às questões de regulamentações e acordos normatizados entre o prestador de serviços e os serviços prestados. Posto isso, verifica-se que 'ser disciplinado' na contemporaneidade não significa "ser dócil", mas o "ser disciplinado" corresponde ao sujeito que pauta suas ações sempre de acordo com as normas reguladoras em um processo em gestão.

Com relação aos processos disciplinares realizados em meio escolar, acredita-se que essa nova compreensão acerca dos processos que jazem nas novas relações sociais formais precisa ser imersa nos processos escolares, tendo como pressuposto a função social da escola que é preparar o indivíduo para a sociedade; e que, além do preparo para a formação enquanto pessoa, a escola venha efetivamente oferecer formação básica de efetivas oportunidades de consolidação de competências necessárias ao prosseguimento de estudos e à inserção no mundo do trabalho. Uma vez que a finalidade última da escola é a educação – e se toda ação em educação deve estar pautada por um motivo –, o motivo deve pautar na preparação de cidadãos das sociedades atuais. A utilização de procedimentos disciplinares utilizados nas escolas deve atualizar-se, pois o trabalho pedagógico ainda é marcado por relações de processos disciplinares pautadas em mecanismos de controle, cuja procedência remete a métodos com elementos monásticos, patriótico e militarizado. Por isso, salientamos que os processos educacionais sistematizados pela cultura disciplinar em meios escolares devem ser repensados no que diz respeito sua finalidade.

De acordo com o artigo 1º, parágrafo 2º, da Lei n. 9.394, de 20 de dezembro de 1996, que estabelece as diretrizes e bases da educação nacional, a educação escolar deverá vincular-se ao mundo do trabalho e à prática social. No artigo 3º desse mesmo dispositivo legal há a reiteração de que é função da educação escolar oferecer um ensino cujo princípio deve pautar-se na necessidade de "vinculação entre a educação escolar, o trabalho e as práticas sociais" (inciso XI). Sem esse ajuste, as escolas que preparam o jovem para a vida, aparentemente, não lhe inspiram bastante conexão com a vida; o que faz a escola ser vista pelos alunos como um ambiente "fora da realidade"; e isto atormenta o jovem que lá está e que tenta, de certa forma, demonstrar sua insatisfação de maneira descabida por meio de condutas inadequadas ao meio escolar e mais frequente em salas de aula.

O que se diz da indisciplina

Nos estudos bibliográficos realizados para esta pesquisa, verificou-se que os comportamentos tidos como indisciplinados em meio escolar são variados e, muitas vezes, sinonímicos de violência.

Quanto às condutas de indisciplina que estariam relacionadas à sala de aula e à escola, Maria Izete de Oliveira (2002) aponta como indisciplina escolar a falta de limites, a desobediência às normas, o não saber ouvir, o desrespeito ao horário, a bagunça, a rebeldia, os assobios, as gritarias, brincadeiras, conversas paralelas, andar pela sala e agir de má-fé. Essa pesquisadora salienta também o desinteresse e a falta de atenção, distração, não participação na aula e não execução das atividades propostas pelos professores como manifestações de indisciplina na sala de aula (p. 117). Os comportamentos apontados pelos professores são muito mais preocupantes, pois, muitas vezes, comportamento indisciplinado em meio escolar deixa de ser uma simples conversa na hora da aula ou não fazer a lição. Os comportamentos tidos como indisciplinados incluem agressão física e verbal: brigas e empurrões, xingamentos, zombaria, vandalismo, ofensas, insultos, comunicação com gestos ofensivos, discussão e ameaças entre alunos e até mesmo contra professores. Em relação às condutas relacionadas de discentes aos docentes, essa pesquisadora menciona as atitudes de responder ao professor com ofensivas, faltar com o respeito, teimar, desobedecer às regras previamente estabelecidas como casos de indisciplina (p. 117).

Na pesquisa bibliográfica sobre o tema, verificou-se também que há indisciplina em meio escolar, especificamente em sala de aula, cujo principal motivo é tumultuar a ordem estabelecida para fins de concentração na aula, como "movimentar-se, gritar, falar alto [...], imitar animais" (FRELLER, 2001, p. 60). Para Rego (1996), é considerado 'indisciplina' o "comportamento inadequado": espécie de rebeldia, intransigência ou desacato que se traduzem como falta de educação ou de respeito pelas autoridades, compreendido como incapacidade do aluno ou do grupo em se ajustar às normas e padrões de comportamento esperados (REGO apud ANDRADE, 2001, p. 53).

Verificou-se também na bibliografia da área que os comportamentos considerados indisciplinados, embora sejam, muitas vezes caracterizados e/ou interpretados como "violentos" ou relacionados à "violência", assumem, na maioria das pesquisas, a caracterização e denominação de indisciplina. A dificuldade dos pesquisadores em diferenciar tais fenômenos se deve ao fato de a indisciplina escolar manter estreita relação com a violência, ou até mesmo considerar a indisciplina como violência simbólica. Contudo, nem toda indisciplina pode ser caracterizada como um ato violento, assim como nem toda violência é decorrente da indisciplina. No entanto, como não é nossa finalidade comprovar aqui tal hipótese, fica apenas uma menção sobre isso para elucidar nossa posição diante do fato de que não trataremos indisciplina e violência como sinonímicas. Partimos apenas do princípio de que a violência na escola – seja a produzida por ela, seja a produzida contra ela – é hipoteticamente a elucidação da indisciplina.

Por conseguinte, faz-se necessário uma reserva para tal diferenciação.

Indisciplina e Violência

Vários pesquisadores brasileiros se dedicaram à tarefa de analisar a violência na escola, entre eles estão: Martins, 1996; Zaluar, 1999; Peralva, 1997a, 2000; Guimarães, 1995; Camacho, 2000; entre outros. São estudos que investigam o tema, quase sempre com base na tríade (in) disciplina-violência-escola.

Para a construção compreensiva de nosso objeto de estudo, torna-se necessário esclarecer que, como já dito, esta pesquisa não entende indisciplina como sinonímia de violência em meios escolares. Por violência em meio escolar entendemos ações como depredação contra o patrimônio escolar, assaltos, furtos, agressões físicas de aluno contra aluno ou contra funcionários, brigas entre turmas, ameaças, tráfico de uso de drogas, uso de armas, brigas de gangues, depredações, vandalismo.

Diversas pesquisas realizadas no Brasil sobre a temática tratam da indisciplina sem diferenciá-la de violência. De acordo com Pino

(2007), uma das maiores dificuldades no trato da questão, mais precisamente no que se refere às ações caracterizadas como violência, diz respeito à imprecisão dos contornos semânticos no trato com o termo. A inclusão de práticas de violência como indisciplina não contribui, a nosso ver, com a discussão sobre a temática da indisciplina escolar, pois tratá-la de igual maneira esvazia seu valor científico, uma vez que amplia demasiadamente o campo de investigação; haja vista que nem sempre a indisciplina se veicula às questões de violência propriamente ditas, da mesma forma que a ocorrência de violência nem sempre é decorrente da indisciplina. Constitui violência escolar toda ação que ultrapassa os muros escolares e que foge ao domínio de um conjunto de regras e condutas estabelecidas para o andamento de atividades para a aprendizagem do conhecimento sistematizado oferecido pela educação escolar; fogem ao controle da instituição e por isso merecem apreciação policial e jurídica. A indisciplina constitui apenas infração contra as regras da instituição escolar, a violência ultrapassa essa perspectiva e demanda ocorrência policial. Define-se indisciplina, neste trabalho, como comportamento aversivo ou em desacordo às normas reguladoras ou regras impostas em contexto específico de regulamentação.

Pesquisadores constatam (entre eles: DERBARBIEUX, 1996; CHARLOT, 2002; SPOSITO, 1998, 2001 e 2010; CARON, 1996; MORITA, 2001; MATTOSO, 1985; LONGAREZI, 2001; OLIVEIRA, 2002, etc.) que os episódios de violência e indisciplina escolares não são específicos da escola pública e de países pobres. Há diversos registros na história da disciplina no que se refere à violência escolar em diversos países considerados "ricos".

Santos (2001) expõe em seus trabalhos o quanto a violência tem perturbado os contextos escolares de outros países, como França, Canadá e Estados Unidos. O autor revela que o que está em risco na escola é sua função de socializar as novas gerações, pois a instituição escolar aparece enquanto *locus* de explosão de conflitos sociais, o que faz a violência na escola passar a ser considerada um fenômeno de sociedade.

Na França, casos de violência como deflagradores da indisciplina escolar não são fatos novos. Em 1883, na França, ocorreu a famosa revolta do liceu Louis-le-Grand, como consequência da expulsão de um aluno (DEBARBIEUX, 1996). Aníbal Ponce um dos maiores expoentes da análise da escola enquanto reprodutora da 'luta de classes' ao "tentar" historiografar a origem e a causa da indisciplina em meio escolar salienta que ela pode estar associada à apreciação da escola à corrupção, uma vez que esta se vê mais acentuada e atinge seu apogeu no contexto de universidades medievais, onde de modo exploratório, cobrava-se alta taxas dos alunos, os quais se viam livres para a bebedeira e atos ilícitos no próprio campus. E esse comportamento arredio, se dava àqueles que "ganhavam" seus mestres com presentes caros, entre estes inúmeras caixas de vinho, prática comum, sempre daqueles que se encontravam eventualmente em apuros financeiros (PONCE, 1996, p. 83-112).

Nas últimas décadas, a preocupação ainda é uma constante e algumas questões têm sido levantadas, entre elas as que relacionam a violência com a exclusão social decorrente da escola, a violência institucional e simbólica. As práticas promovidas pelas relações escolares não só entre pares, mas principalmente no que diz respeito à relação institucional, colaboram de modo efetivo como condicionantes a práticas indisciplinares praticadas por escolares. No caso do Canadá, pesquisas demonstram que estão entre os fatores mais relevantes os individuais, aqueles que afetam a autoestima dos jovens, dos familiares e da própria escola, como as regras de um jogo que ali impera.

No Japão, país cuja tradição assegura uma cultura relativamente disciplinada, há casos de violência contra a escola. Morita (2001) aponta que a violência no Japão em meios escolares não é baixa em proporção ao crescimento da delinquência juvenil fora dos muros escolares. A primeira onda desse tipo de violência ocorreu em uma fase de contexto de quebra da ordem social, subida da inflação, desemprego e dificuldades econômicas e outros tipos de perturbações sociais ocorridas no período imediatamente posterior à guerra (p. 100). A segunda onda de violência ocorreu em 1964, quando o Japão atravessava um período de rápidas transformações sociais originadas pelos processos de industrialização e urbanização que aceleravam o desenvolvimento econômico do país. Nessa época, o Japão enfrentou

> [...] uma tendência à violência e a comportamentos antissociais, e os atos de delinquência juvenil, tais como furtos, ocorriam não por razões de necessidade econômica, mas sim de busca de prazer (MORITA, 2001, p. 100).

Outro momento crucial representou o período em que as pessoas procuravam muito a escola, pois dela dependia sua ascensão social. Contudo, essas pesquisas desenvolvidas no Japão indicam que o que operacionalizava as práticas de indisciplina e violência em meio escolar esteve relacionada decisivamente com a questão socioeconômica que o país enfrentava em contextos de pós-guerra, por exemplo.

Nos Estados Unidos, a indisciplina escolar também é objeto de debates há três décadas. No país norte-americano, os estudos sobre indisciplina escolar abarcam quase sempre a violência, principalmente as chacinas. As pesquisas americanas apontam como fatores responsáveis pelo aumento da violência nas escolas as mudanças nos padrões de família e na vida comunitária e a falta de espaço para a formação de laços sociais.

Santos (2001) explica que as experiências desses países indicam estratégias de reconhecimento da violência no espaço escolar como um fenômeno social, no qual a violência surge como afirmação do silêncio, da clausura do gesto e da palavra, ou seja, a violência seria o discurso da recusa que nasce da palavra e do gesto emparedados, exigindo que se busque a compreensão das mensagens, estando elas implícitas nos atos de violência. Assim como esse pesquisador, são inúmeros aqueles que defendem o motivo da indisciplina e da violência escolar como atos de causa-efeito. Os atos de violência contra a escola seriam entendidos como comportamento-resposta à "violência" cometida pela escola. Outros fazem parte de um grupo que defende o motivo da indisciplina e violência escolares à falta de limite e a certeza da impunidade. Um dos exemplos usados, a título de ilustração, são as práticas de trotes.

A prática de trotes – que haja vista não possui justificativa nenhuma a não ser a vontade de humilhar – não é atual. Há uma farta documentação a respeito dos tradicionais trotes estudantis na França. Não se sabe ao certo a origem desses eventos, mas há registros de sua existência em corporações acadêmicas da Idade Média. O primeiro documento oficial conhecido que faz menção ao que poderíamos chamar de trote data de 1342, e provém da Universidade de Paris.

> De fato, foram motivo do estatuto as constantes rixas provocadas pelo costume de espoliar os bens do calouro e fazê-lo esbanjar dinheiro que trazia para sua subsistência, o que gerava protestos, insultos, agressões e acabou levando a universidade a determinar que ninguém poderia extorquir nada do novato, exceto os *socii*,

> isto é, seus companheiros de moradia ou colegas de república, e mesmo assim se o coitado oferecesse de livre e espontânea vontade [...] (MATTOSO, 1985, p. 24).

Para Ponce (1996), a disseminação da prática da indisciplina escolar relaciona, já na Idade Média a "folga da burguesia", uma vez que, pois, como disse, apesar de serem "vagabundos e viverem mais na orgia que nos bancos escolares" conseguiam a formatura por meio de presentes e honrarias oferecidos aos doutores da academia (PONCE, 1996, p. 103-104).

Zaluar (2010) pontua a violência psicológica que se manifesta nos processos de avaliação e nas formas de interação que se estabelecem entre diretores, professores, funcionários, alunos e responsáveis.

Nos últimos anos houve uma tendência a caracterizar atos indisciplinares antes classificados por violência simbólica e microviolências por *bullying*[1]. De acordo com Martins (2011, p. 7), as formas de *bullying* mais comuns são do tipo verbal (insultar, ofender, falar mal, colocar apelidos pejorativos, "zoar"), física e material (bater, esconder objetos para incriminar outrem, etc.).

Para Debarbieux (2002), a agressividade é um dispositivo biopsíquico reacional à frustração que é efetivada por meio da agressão implicante numa brutalidade física ou verbal utilizadora da força para a disposição do poder e da dominação (DEBARBIEUX apud CHARLOT, 2002, p. 435-36). Casos muito comuns em meio escolar, para esse pesquisador, são os de natureza simbólica, referindo-se à microviolência, caso de agressão que utiliza a força instrumental, como as ameaças, extorsão, intimidação entre colegas na escola; a violência anti-institucional, constatada nos maus-tratos que se dão nas dependências materiais; agressão física ou verbal; tratamento degradante dispensado aos colegas "indesejáveis", prática comum e estimulada, inclusive, por funcionários e professores da escola. Atos

1. *Bullying* é um termo [...] utilizado para qualificar comportamentos agressivos no âmbito escolar, praticados tanto por meninos quanto por meninas. Os atos de violência (física ou verbal) ocorrem de forma intensional e repetitiva contra um ou mais alunos que se encontram impossibilitados de fazer frente às agressões sofridas. Tais comportamentos não apresentam motivações específicas ou justificáveis a não ser a vontade própria de se divertir com o sofrimento do outro. Em última instância significa dizer que de forma "natural" os mais fortes utilizam os mais frágeis como meros objetos de diversão, prazer e poder com o intuito de maltratar, intimidar, humilhar e amedrontar suas vítimas (Martins, 2011, p. 7).

de violência desse tipo observados pelo ângulo de sua pontualidade ou repetição são causados pelo simples fato de gerar e causar o mal, destruindo e humilhando simplesmente pelo prazer egoísta de natureza masoquista decorrente da sensação de impunidade.

Tratadas quase sempre dentro do mesmo campo semântico, indisciplina e violência escolares geralmente permanecem delimitadas, sem distinção do que seria uma ou outra. Sabe-se que os termos não são sinonímicos, apesar de apresentarem uma intersecção entre causa e efeito, pois estão interligados pela questão dos valores éticos e morais. Nos estudos mencionados anteriormente, elementos desencadeadores de fatos como o *bullying*, assédio moral e a violência simbólica ora são tratados como indisciplina, ora como violência.

Por violência simbólica (ORTEGA, 2010) entende-se os atos de humilhações muito sutis e que muitas vezes são praticados inconscientemente. Atitudes de desprezo, desqualificação verbal, ignorar a presença ou fala do outro, chantagear, simular furtos para propiciar um clima de desconfiança e mal-estar para os que são tidos como intrusos, a exclusão intelectual de professores para com alunos, vistos como sujeitos burros, etc. são ações que produzem um efeito psicológico muito grande e que, com o tempo, geram desmotivação, atitude passiva repleta de sentimento de culpa e inferioridade. Outro condicionante, apesar de pouco notável, é o assédio moral. O assédio moral é produzido quando um indivíduo de posição "superior" na hierarquia social ou moral se demonstra disposto a exigir além do necessário de que se incumbe nos "contratos". É um tipo simbólico de perseguição na qual ao indivíduo, – na condição de prestador de serviços, – é lhe exigido além das suas obrigações e tarefas contratuais frequentes da função, com finalidade de fazê-lo sentir-se incompetente, desmotivado e desqualificado para tal zelo. É notável a prática do assédio moral tanto por superiores a professores quanto de professores para com alunos e vice-versa.

Indisciplina e Civilidade

A literatura francesa (DEBARBIEUX, 1996, 1998; PERALVA, 1997a, 1997b, entre outros)[2] utiliza o termo incivilidades para tratar

2. PERALVA, Angelina. Escola e violência nas periferias urbanas francesas. *Contemporaneidade e Educação*. Rio de Janeiro: IEC, ano II, n. 2, 1997.

dos atos indisciplinados cometidos por escolares. Por incivilidade entende-se o ato de tratar outrem sem cortesia, polidez e ausência de sociabilidade e que se aproxima em condição tênue com a violência física ou verbal (mais leve, próxima à simbólica ou psicológica), atingindo apenas uma dimensão da indisciplina escolar ao mesmo tempo em que não é violência, pois não configura delinquência ou criminalidade. Por incivilidade entende-se o antônimo do termo definido nos dicionários de língua portuguesa, "Civilidade sf. Conjunto de procedimentos formais que asseguram o bom relacionamento entre os membros de uma sociedade" (BECHARA, 2011, p. 418). São comportamentos manifestos no trato com as pessoas, ou seja, do mesmo campo conceitual de indisciplina, mas não necessariamente a mesma coisa. Dessa forma, esta pesquisa não utilizará essa nomenclatura para definir os atos ou comportamentos indisciplinados de discentes.

O termo incivilidade, muito utilizado nas pesquisas francesas que influenciou gerações de pesquisadores há muitas décadas em todo o Ocidente, possui seu arquétipo terminológico na teoria kantiana sobre educação e foi bastante difundida por Elias (1939), quando tratou dos processos civilizatórios.

Teorias kantianas acrescentam a essa reflexão um debate curioso, uma vez que acentuam a educação moral e a civilidade como competências educacionais, contribuindo decisivamente para o debate sobre moralidade no seu sentido contemporâneo. A autonomia, pressuposto básico para a construção do ser autônomo, cuja finalidade é a formação do cidadão crítico e participativo, tem suas bases nesses conceitos. A autonomia moral, entendida como preparação para o exercício da cidadania, se pauta em escolhas éticas feitas nas relações e oportunidades de relação com o outro; que além de ser pautado por escolhas éticas, deve ser balizado pela civilidade. Na emblemática obra *Sobre a pedagogia* (1996), Kant apresenta a interpretação do conceito de disciplina que se articula entre moralidade e civilidade. Para ele, a disciplina devolve ao ser humano o seu *status* de humanidade. A disciplina é algo inerente ao ser humano, que é essencialmente um ser moral. Ela é "o que impede ao homem de desviar-se do seu destino, de desviar-se da humanidade, através das suas inclinações animais" (KANT, 1996, p. 12). Os animais, diferente dos humanos, são comandados por instintos. O ser humano, ao contrário dos animais, não é dotado de instinto nos mesmos moldes do instinto animal.

Por isso, sugerir definir disciplina e indisciplina, assim como investigar suas reais motivações, implica também analisar reflexivamente acerca dos valores em cujas práticas sociais, de onde emergem as indisciplinas escolares, estão imbuídas. Práticas que retratam os modos de gestão das escolas e desvelam sua concepção de educação frente a formação do educando no que diz respeito ao preparo ao exercício da autonomia do sujeito, objeto da educação escolar, processo que deveria ter como fim último a construção do 'sujeito ético e moral'.

A questão dos valores, a ética e a moral

De acordo com o enfoque histórico-cultural, a sociedade, sua história e sua cultura surgem como os fundamentos ontológicos da vida humana, superando os esquemas de comportamento-reflexo, o que cria formas específicas humanas de determinismo, com uma regulação da conduta que não poderia ser reduzida ao comportamento animal (TOASSA, 2011, p. 62). Nesse sentido, a discussão acerca dos aspectos morais ao se tratar de disciplina e indisciplina na escola também se faz necessária. Tarefa aparentemente difícil para quem se dispunha a falar dessa matéria partindo de uma abordagem polêmica e inconclusa como é a histórico-cultural, utilizando-se de teóricos aparentemente antagônicos como Durkheim e Foucault. No entanto, isso se faz presente, pois torna-se importante visualizar a disciplina e indisciplina – objetos complexos – sob a ótica de variadas correntes para, de certa forma, os estudos em torno da pesquisa feita não se tornarem incompletos, já que essa partiu da experiência prática para a teoria e não da teoria à prática. O problema da moral, por exemplo, surge como incógnita, já que moral não é assunto familiar às ideias foucaulteanas, assim como o conceito desta não é o mesmo em Kant e Durkheim. Contudo, a intenção aqui não é um estudo comparativo propriamente dito sobre tal objeto, mas uma contribuição necessária aos estudos sobre a motivação das condutas disciplinares e indisciplinares averiguados em contexto de escola pública e laica.

Tendo como referência as teorias de Kant para discutir as questões ligadas aos valores, à ética e à moral, e que estão intimamente ligadas, entre tantas outras coisas, à questão da disciplina e da indisciplina nas escolas, dissemos que moral consiste em um conjunto de regras definidas e especiais que determinam as condutas sociais normatizadas para o bom funcionamento de uma sociedade. Sem debater aqui o que é bom ou ruim para esta ou aquela, destacam-se valores éticos e morais que guisam o funcionamento da sociedade em que o indivíduo está inserido.

Para Kant (1974), o indivíduo enquanto ser ético e moral pressupõe o uso da razão subjacente da autonomia da vontade. Para ele, as normas morais são atributos da razão, uma vez que universalmente aceitas produzem dignidade em dimensão universal.

> Age de tal maneira que uses a humanidade, tanto na tua pessoa como na pessoa de qualquer outro, sempre e simultaneamente, como fim e nunca simplesmente como meio (KANT, 1974, p. 229).

A conduta moral, dessa forma, é vinculada a uma norma universal garantida pela liberdade. A liberdade determinante da norma moral assegura a tomada de consciência com base nessa autonomia. A autonomia da vontade, por assim dizer, é a capacidade de escolher a prática de uma ação conforme seu dever realizado na prática legal da liberdade. Utilizar-se bem da liberdade significa estar consciente de que a liberdade do "meu eu" não pode implicar na não liberdade do "eu outro".

Em Kant, o exercício legal da liberdade consiste na capacidade de agir de acordo com as leis (WEFFORT, 2011, p. 53). Assim, a ética kantiana postula o dever como norma universal em detrimento à vontade individual livre no cumprimento desse dever.

De acordo com os categóricos kantianos, a moralidade do indivíduo baseia-se em sua capacidade de produzir boas ações – aquelas que não são prejudiciais para si e nem para os outros, ou seja, são geradas sobre um sistema de relações recíprocas e interpessoais. Dessa forma, a liberdade assegurada pela autonomia da vontade somente se realiza plenamente na condição de domínio público. O espaço público é, por excelência, o *locus* de desempenho e desfecho do exercício de liberdade e conseguintemente do exercício de cidadania. Por conseguinte, não faz parte do exercício da liberdade moral a prática de ações egoístas elucubradas pelo desejo e pelas inclinações que impedem a adequação da conduta aos comandos da razão. A instrumentalização da doutrina ética com base no estabelecimento de uma teoria moral tem a razão como fonte das ações[3]; a socialização de tais ações – que acabam por impor-se racionalmente ao indivíduo – garantem certa ordem nas convenções sociais realizadas na sociedade.

Kant sugere que a prática da disciplina faz parte da experiência racional. E a razão para ele é o conhecimento das leis (regras, normas). Nesse sentido, quem pratica a indisciplina é irracional, pois desconhece as leis. Desconhecer aqui usado no sentido de não praticar. E o ato de se fazer conhecer as leis de uma sociedade faz parte da educação. As regras que a regulamenta. Educar-se é praticar um hábito. É objeto da educação fazer conhecer. Nesse sentido, a contribuição kantiana serve como pressuposto teórico a partir da perspectiva de se ter entendido disciplina como necessidade de cumprir regulamentações. Se interpretarmos disciplina como poder de coerção, que não foi o sentido utilizado por Kant quando descreveu em sumária suas ideias, não nos ateríamos a tal indicação. E nesse ponto é que difere o pensamento kantiano do pensamento Durkheimiano, pois na abordagem disciplinar de Durkheim há a presença de elementos de coerção.

Para Kant, a educação compreende o cuidado, a disciplina e a instrução; a educação consiste na ação da disciplina e instrução.

Kant (1996) declara que

> não há ninguém que, tendo sido abandonado durante a juventude, seja capaz de reconhecer na sua idade madura em que aspecto foi descuidado, se na disciplina, ou na cultura (pois que assim pode ser chamada a instrução). Quem não tem cultura de nenhuma espécie é um bruto; quem não tem disciplina ou educação é um selvagem. A falta de disciplina é um mal pior do que a falta de cultura, pois essa pode ser remediada mais tarde, ao passo que não se pode abolir o estado selvagem e corrigir um defeito de disciplina (p. 16).

Para ele, quem não tem cultura de nenhuma espécie é um bruto; quem não tem disciplina ou educação é um selvagem. O filósofo estabelece diferenças entre cultura, educação e disciplina. Dessa forma, ele associa à indisciplina a falta de educação que seria ainda um

---

3. Para aprofundar mais sobre a complexidade dessas ideias, assim como sobre os imperativos categóricos, verificar a obra de Kant: *Fundamentação da metafísica dos costumes* (1785–1974).

mal pior. Para a cultura (cultura no sentido de conhecimento letrado, sistematizado), ainda haveria chances de reposição futura, pois são apenas informações, conhecimentos sistematizados, habilidades, etc., mas a educação (educação em Kant é "bons costumes"), que envolve disciplina, é algo que vem de berço, do meio em que o indivíduo nasceu e viveu, seria mais difícil repor tal falta. Para o problema da indisciplina, que para ele é um problema de educação, seria um problema mais complexo remediar tal falta, pois demandaria todo um convencimento e não seria fácil corrigir tal defeito.

> Disciplinar quer dizer: procurar impedir que a animalidade prejudique o caráter humano, tanto no indivíduo como na sociedade. Portanto, a disciplina consiste em domar a selvageria; tornar-se culto. A cultura abrange a instrução e vários conhecimentos. A cultura é a criação da habilidade de cuja posse é a capacidade condizente, com todos os fins de que almejamos [...]; A educação deve também cuidar que o homem se torne prudente, que ele permaneça em seu lugar na sociedade, que seja querido e que tenha influência". Esta requer certos modos, cortesia, gentileza e prudência de nos servirmos dos outros homens para os nossos fins [...]; Deve, por fim, cuidar da moralização [...] (KANT, 1996, p. 26-27).

A disciplina entendida como o primeiro momento da educação é continuativa em todo processo. A educação é, para Kant, a possibilidade para o ser sair de seu estado animal para sua condição humana. Muito próximo do campo de significações verificadas nas camadas mais populares, cultura é para ele conhecimento adquirido. A formação moral que floresce da educação fornece a base para o esclarecimento.

A contribuição de Durkheim

Para o pensamento Durkheimiano, a indisciplina está relacionada ao comportamento volitivo, precisando haver imposição de limites.

> É mediante a disciplina, e somente por ela, que podemos ensinar a criança a moderar seus desejos, a limitar seus apetites de todo tipo, e, com isso, definir os objetos de sua atividade; essa limitação é condição necessária para a felicidade e para a saúde moral (DURKHEIM, 2008, p. 57).

Convencidos da importância dos clássicos para análise de temas atemporais como a disciplina e a indisciplina social, salienta-se a importância de Émile Durkheim para essa discussão. Sua obra não é de fácil leitura, e recebe críticas constantes devido a problemas de ambiguidade e às dicotomias que se fazem presentes em muitos de seus textos, facilitando, inclusive, que seu estilo caricature seu próprio pensamento, mostrando-o polêmico e metafórico, o que intensifica a possibilidade de uma interpretação incompleta sobre suas obras.

Os conceitos de Durkheim – apesar de terem sido escritos para uma sociedade de seu tempo – não são fixos nem corroboram verdades absolutas, são aplicáveis a seu tempo, com elasticidade para adaptações. Há uma necessidade de adaptação a cada sociedade da época em que forem aplicados. A necessidade de adaptação para aplicação em análises de assuntos atemporais, assim como a necessidade de se aplicar a contextualização, tornaram-se um imperativo na obra de Durkheim.

A disciplina é base do desenvolvimento da atitude moral, sendo um dos elementos principais da manutenção da moralidade estabelecida pela e para a sociedade ideal. Para Durkheim, quanto mais complexa for essa sociedade, mais complexa será a maneira de ensinar a disciplina, devendo esta adaptar-se a cada nova realidade (DURKHEIM, 2008, p. 66). Essa assertiva deixa clara a intersecção prevista neste trabalho sobre a utilização do autor no trato desta temática, o que, inicialmente e de modo superficial, era visto como antagônico. A informação extraída em "devendo esta adaptar-se a cada nova realidade" corrobora a contribuição de que mais se precisava e que será mais esclarecida ao longo deste trabalho, quando será investigado – de acordo com a percepção de pessoas envolvidas – o que potencializa a indisciplina em meio escolar.

Para Durkheim, a formação de hábitos disciplinares torna-se essencial na educação escolar, uma vez que a esta incumbe, não apenas a transmissão do conhecimento sistematizado, mas também a socialização, oferecendo aos seus educandos elementos de sociabilidade necessários para se conviver em sociedade. A disciplina seria uma forma de assegurar a coesão das sociedades modernas. Segundo ele, o problema da indisciplina social está intimamente veiculado à questão da moral. Moral, de acordo o pensamento Durkheimiano, é "um sistema de regras que predeterminam a conduta". Elas dizem como devemos agir em cada situação. E para ele, agir bem é obedecer

(DURKHEIM, 2008, p. 39). Nada é feito se não para atender a um pedido, em obediência, – ainda que disfarçassem que utilizamos nossa vontade – ao pedido de algo ou de alguém. Na mesma linha de Kant, ao tratar da vontade moral, para ele, a vontade dita de nós próprios é a próxima da animal, ela é irracional porque faz o que o corpo manda.

O entendimento do que seria a moral deve ser contextualizada para cada tipo de sociedade. Segundo esse predisposto, a disciplina escolar constitui a mais importante atividade em educação, pois é a forma mais eficaz de se preparar os indivíduos para a sociedade. Muito próximo do conceito de moral utilizado e praticado nas camadas mais populares, moral, para Durkheim, é aquilo que se faz respeitar. Aquilo que se faz respeitar é algo que possui moral. Aprendendo a respeitar as regras escolares, os discentes poderão contribuir para a moral de um ambiente educacional, pois quando o educando aprende também a respeitar as regras sociais ele aprende a ser capaz de conter-se a viver harmoniosamente, tanto no mundo físico quanto no social (DURKHEIM, 2008, p. 109).

Nas periferias de metrópoles, como na cidade de São Paulo, a escola não configura – devidos suas mazelas – um valor moral. O imaginário social das camadas mais populares veem as escolas públicas como uma instituição que não inspira confiança, algo que não se faz respeitar. Por isso as pessoas não a respeitam. Há depredações, desacatos a funcionários, invasões. A escola pública das periferias, devido à sua má gestão, faz parte do imaginário popular como um lugar de conflitos.

Durkheim acreditava que a disciplina era um aspecto essencial da conduta moral, mas que seu caráter se modificava com o correr da evolução moral, da transformação social, haja vista que os fenômenos morais não acontecem fora de um processo histórico (GIDDENS, 1978, p. 51). "A disciplina ou, mais especificamente, a autodisciplina, é moral em si mesma porque é o meio pelo qual se subordinam os impulsos egoístas" (DURKHEIM apud LUKES, 2005, p. 50).

De acordo com o exposto acima, a conceituação de disciplina de Kant e de Durkheim não constituem uma máxima antagônica, quando se referem ao que estamos tratando neste estudo, uma vez que adaptada aos tempos atuais – em cujo paradigma se insere disciplina enquanto gestão de controle e capacidade de seguir regras e normas reguladoras, assim como 'indisciplina' enquanto ato irracional, ou seja, a negação do "conhecimento das normas". Na contemporaneidade, a conduta de utilizar-se de coerção, – apesar de rejeitada pela escola, em seus processos escolares, pois é parte de sua "ética" institucional passar-se por "boazinha", é, em Durkheim, inevitável aos processos disciplinares. A coerção é um mecanismo de controle presente não somente em sua época, ou na Idade Média, quando havia chicote, como também ela demarca relações de aprovação ou desaprovação na contemporaneidade. Se bem que os processos de coerção se sofisticaram e foram normatizados como outras formas mais tênues de coerção; a coerção simbólica, por exemplo, praticada na sociedade vigente para aquele que não cumpre com suas obrigações. As coerções contratuais ou aquelas que equilibram a convivência social como multas, descredenciamentos; as mais tênues, como o uso de códigos (estrelas) para classificar algo como bom ou ruim, regular, etc., ou seja, a sociedade contemporânea está repleta de coerções sofisticadas.

A autonomia

Jean Piaget (1932) aproxima moralidade e indisciplina quando, assim como nos conceitos em Kant, elabora uma teoria, no mínimo interessante, sobre os mecanismos de desenvolvimento e instalação e internalização da moralidade no indivíduo em fase infantil. Para ele, a moralidade na criança inicia-se quando ela entra em contato com as regras do que pode e não pode fazer independente da explicação que deva se dar para isso. Esse percurso se dá em três fases: a anomia, a heteronomia e a autonomia. A anomia é a fase em que há a ausência das regras. A criança não sabe que elas existem. A heterenomia é a fase na qual a criança tem conhecimento que as regras existam, mas não sabe para que elas servem; por isso ela se sente perdida, pois não sabe o que fazer, decidindo-se apenas em agradar. Ela está na fase do estímulo-resposta. Ela já sabe que existem coisas que devem ou não devem ser feitas e quem as determina são os outros e, devido aos estímulos, faz somente para agradar ao adulto, já que necessita dele para sobreviver. E, por fim, há a fase da autonomia, quando ela já conhece as regras e sabe para quê elas existem; é consciente e sabe que a decisão de realizar ou não qualquer atividade depende exclusivamente dela (PIAGET, 1932).

Na educação escolar atual há um equívoco no diz respeito à questão de formação de sujeito autônomo. Para muitos educadores, o sujeito autônomo é o sujeito que faz o que quer. A autonomia está exclusivamente gerida pela liberdade individual. De acordo com a teoria piagetiana, o indivíduo que age de acordo com suas inclinações, sem controlá-las, – ao contrário do que pensam –, ainda não chegou à fase de autonomia. Este ainda está na anomia, porque desconhece as regras socias, ou não dispõe de vontade (subjetiva) de as fazer cumprir. Assim como em Kant, na contemporaneidade impinge-se a autonomia como atributo que se estrutura a partir da consciência do indivíduo enquanto parte de um grupo social consciente dessas limitações. Assim, somente se forma um sujeito autônomo conscientizando-o sobre as normas que o cerca para em liberdade realizar suas escolhas.

Para Kant, a moral das ações não reside no ato de escolha de seguimento das regras sociais, mas consiste no princípio subjacente a elas. Por exemplo, proibir um estudante de fumar na escola, alertando-o sobre a possibilidade de uma suspensão, e este para com medo de ser punido. O fazer moral consiste não em parar de praticar o que se fazia por medo de ser suspenso. O ato moral consiste em fazê-lo mudar de comportamento (parar de fumar naquela local específico, por exemplo) motivado pela consciência de que tal ação é prejudicial a si (à sua saúde, por exemplo, e isto é fato científico), e ao 'outro' (e além do mais, prejudica a saúde dos outros que por ali perneiam). Dessa forma, este deve não praticar tal ato (fumar naquele local específico) em respeito a si próprio e às pessoas que por ali circundam e que não fumam, por isso não são obrigados a compartilhar tal experiência por vontade alheia. O ato de fazê-lo interromper tal ação por vontade própria, consciente de seu erro, constituiu-o em uma ação moral, tida em vista uma 'ética' logo, formadora de consciência autônoma, por excelência, a autonomia moral piagetiana, a meu ver, "melhor" conceito de desenvolvimento de 'autonomia' em sujeitos.

Em conseguinte, a escola que possui normas rígidas, mas não envolve seus estudantes por meio da participação no contrato destas, também não corrobora com a formação da autonomia, uma vez que seus pupilos somente não as ultrajarão por receio de serem punidos, ou simplesmente para continuarem na instituição como dóceis. Agindo assim, só colaborará em formar sujeitos que passaram da anomia para a heteronomia, pois sabem das regras, mas não as cumprem por consciência própria, cumprem-nas por uma questão simplesmente de obediência à autoridade. Na contemporaneidade é o respeito consciente a si próprio e ao outro em que consiste o aspecto ético e moral da disciplina.

A disciplina, como parte da moral dos indivíduos, pressupõe sistemas de convenções e precisa ser contextualizada sempre que for analisada. Analisar a disciplina e indisciplina escolares em variados pontos de vista contribui substantivamente para observarmos de que maneira esses conceitos foram trabalhados em outros momentos históricos em comparativo com a contemporaneidade quando a sociedade apresenta fenômenos que assumem novas interpretações e significados.

História da (in) disciplina escolar

Os processos de disciplinamento ou disciplinarização acompanham a história da humanidade. Suas práticas sempre estiveram relacionadas ao poder de dominação do corpo enquanto poder institucional. No entanto, é na dialética das ideias forjadas pelos modos de produção (MARX, 1975) que a disciplinarização se torna necessária no percurso humano do processo civilizatório (ELIAS, 1939).

Boas (1955) e Wingert (1962) constatam que a disciplina é o divisor de águas no que se chama de fase paleolítico para o neolítico, pois tendo aprendido a garantir sua provisão de alimentos pelos seus próprios esforços, o humano estabeleceu-se em comunidades permanentes (aldeias), tornando a disciplinarização de comportamentos decisiva no estabelecimento de uma nova forma de vida.

Luzuriaga (2001), ao falar sobre a educação primitiva, arrisca dizer que no primeiro período de caça, os procedimentos para a educação dos filhos frente ao papel que exercia o pai e mãe era imperativo a indisciplina, vindo tomar outro rumo, na nova fase sedentária, período da agricultura em que foi preciso disciplinar-se para a guerra (LURIAZAGA, 2001, p. 14).

Essas afirmações nos remetem a outra fase dos processos históricos universais. O que nos levam a crer que os processos de disciplinamento, resgatados nas relações, – principalmente institucionais, e que ganharam força a partir do século XVII e XVIII com realização histórica da formação dos Estados Nacionais em cujos princípios democráticos, – trouxeram consigo dois elementos eficazes de controle: os advindos da guerra, que mais tarde militarizou-se; e os advindos da fé, que mais tarde cristianizou-se.

A educação helênica primava pela disciplina como competência educativa não somente por uma questão de dignidade pessoal, mas também por uma questão de honra ao Estado. A formação do homem moral é tanto para Platão quanto para Sócrates a principal finalidade da educação. Assim, por meio da disciplina se almeja o alcance da justiça para uma vida plena. A contribuição romana, no entanto, teria sido a disciplina para a guerra, sem preceitos ou dogmas morais ou com fins de justiça (Idem, ibidem, p. 52). Essas duas caracterizações do berço civilizacional ocidental são importantes no sentido de direcionar uma busca nas bases onde se configuram os arquétipos contribuintes para a concepção de disciplina e sua finalidade tal como se a utiliza até nossos dias.

De acordo com o autor que estamos seguindo de perto, a educação medieval que se assenta na passagem do germanismo ao feudalismo reflete a vida social de indivíduos que, por meio de disciplina rígida e séria em mãos de um clero disciplinado, tende a absorver a atividade prática manual como "menor", estratégia tática para uma educação eclesiástica com base no método verbalista e discursivo realizados nas escolas monásticas e catedrais que se incumbiam de formar os "bons cristãos". A consagração do método verbalista e discursivo, – de origem clássica –, passa, a partir de então, a consagrar-se como um dos itens de melhor apreço nos processos disciplinares escolares.

Para Ponce (1996), a finalidade dessas escolas (medievais) não era ensinar a ler, nem escrever, "não era instruir a plebe, mas familiarizar as massas campesinas com as doutrinas cristãs e, ao mesmo tempo, mantê-las dóceis e conformadas" (p. 91).

As severidades disciplinares não foram um fardo somente para a medievalidade. Até mesmo na Renascença (compreendida do século XVI ao XVIII), fase marcada por uma atitude revolucionária no que se refere à tentativa de abolir com tudo que fosse da escolástica, quando "a igreja e a moral que trazia para o mundo, era o desprezo pelas alegrias [...], pelo luxo material e a moral" (DURKHEIM, 2008, p. 26), a indisciplina em meio escolar tornou-se uma constante.

Durkheim, em pesquisa que fizera com finalidade de aulas para cursos de formação de professores na França em 1904-1905, cuja principal fonte teria sido a obra *Disciplina Scolarium*, datada do século XIII, defende a disciplina escolástica em detrimento ao pensamento dos escritores da Renascença, quando afirma que não se constatou nenhuma ocorrência de castigos corporais até este século, assim como não há registros de tais fatos em outros estudos sobre o tema até século XV. Os infratores dos regulamentos escolares, segundo ele, eram punidos com excomunhão ou multas. Somente próximo aos anos de 1450 foi constatado maior rigor e repressão contra comportamentos tidos como indisciplina de escolares. "Os transgressores dessa proibição deviam ser castigados publicamente, na presença dos delegados da Faculdade. [...] a disciplina tendeu a tornar-se mais severa" (DURKHEIM, 1995, p. 150-151). Para ele, é com base nos testemunhos de Rabelais e Montaigne que se depreende que na medievalidade "teria sido a época em que a disciplina escolar teria alcançado o máximo de seu rigor, até sua desumanidade [...]". Admitindo-se mais à frente que seria verdade que "desde o início, o chicote esteve em uso nas escolas de gramática. O mestre de gramática estava sempre representado armado com vergalhos; era a insígnia simbólica de sua função." (DURKHEIM, 1995, p. 150).

O regulamento do Colégio Harcourt, no século XIV, já prescrevia para alunos indisciplinados expulsões ou multas que significavam oferecer garrafas de bons vinhos. No colégio onde Rabelais, Montaigne e Erasmo estudaram havia a função de chicoteador de escolares. O colégio de Montaigu, que funcionava em 1314, aplicava regras como ficar sem comer, abster-se de atividades comuns, e para as faltas graves eram servidos aos infratores ovos estragados (Idem, ibidem, p. 151). Todas essas severidades e cenas de humilhação geralmente eram feitas em público, na praça do colégio, para que servisse de exemplo aos demais.

Obras de Rabelais (1495-1553) e Comenius (1592-1670)[4] criticavam os modelos de disciplina escolástica e sugere uma ruptura com o passado. Ruptura contra o excesso de regulamentação e disciplina, que seria o principal obstáculo ao exercício da liberdade e criatividade. Para eles, a essência da criatividade, assim como o desenvolvimento intelectual, residia na liberdade de se fazer o que quiser. Eis a forma de se chegar a realizar plenamente sua natureza. Para Durkheim, na Renascença (quando se primava o conhecimento para a liberdade artística) se elaborou o ideal pedagógico com o qual a França viveu de maneira exaustiva a tentativa de implantar um novo modelo escolar. O jovem artista (era assim que os escolares eram nomeados na Renascença) era tratado como "[...] uma espécie de *gentlemen*, que

---

4. Várias obras relatam a importância de Comenius para a história da vida escolar como *Chamber's biographical dictionary*, 1671; *Les grands pédagogues* (Press Universitaries de France, Paris, 1956); e J. B. Piobetta, pedagogo francês que era especialista no autor.

não era submetido a nenhum tratamento degradante, que gozava de uma ampla liberdade que usava e abusava dela" (DURKHEIM, 1995, p. 152).

No entanto, entre os séculos XV e XVI, o jovem estudante não passava de um "escolar", sendo tratado como um ser "menor", pois os representantes das instituições escolares viam-se muito protegidos por poderes regulamentados. O que, para ele, contribuiu

> [...] para uma decadência da juventude estudiosa, que, após ter vivido, até então uma vida muito semelhante àquela dos adultos, foi marcada pelo selo de minoria (Idem, ibidem, op. cit.).

Para Durkheim, nessa época, devido a causas já expostas, a instituição escolar não só foi vítima de uma enorme evasão, como também foi vítima de grandes rebeliões. Diz:

> [...] o jovem artista parece mesmo ser pouca coisa; suas rebeliões apareceram, portanto, como sacrilégios e foram reprimidas de acordo. É que a própria disciplina havia-se transformado. E a causa da mudança foi a nova forma assumida pelos colégios onde, a despeito dos ataques dos humanistas, as disciplinas novas perpetuam-se [...] (Op. cit., p. 153).

Dessa forma, o tratamento dado à disciplina em meios escolares foi esse até o século XVI. Somente a partir de uma reforma que incluía a recompensa e a motivação como métodos para atrair os jovens aos meios escolares é que houve a implantação de uma disciplina mais branda e sem humilhações. Desenvolvendo-se um sistema de recompensa também nas práticas escolares, os estudantes com assiduidade e ótimos desempenhos escolares recebiam prêmios e medalhas de honra ao mérito, assim como também passou a haver concurso entre os melhores alunos.

Assim, reconhece-se que a questão da disciplina em meio escolar, exaurida por meio de métodos repressores, acompanha a história da educação escolar desde a Idade Média. A disciplina realizada por meio da coerção, da repressão e do constrangimento, celebrizou a punição corporal como prática educativa por um longo tempo. No entanto, detecta-se que na história da (in) disciplina não é consenso entre todos os envolvidos no processo de ensino utilizar-se de recursos de punição e maus-tratos contra discentes indisciplinados. Houve também, assim como nos tempos modernos, tentativas de inovação no campo do currículo e metodologias para vencer tal façanha.

O renascentista Vitorino da Feltre (1378-1446) propõe a reforma no processo educativo com propostas concretas. Fundou o colégio palaciano, que se tornaria o melhor da Europa entre 1423-1446 – cujo método teria sido transposto do sistema de ensino para formação de clérigos – para os quais a prática cristã era o núcleo de formação secular. Baseava-se na ideia de que a melhor lição é o exemplo a ser dado. Dessa forma, os mestres deveriam educar seus pupilos para se tornarem seus imitadores. Dar exemplo do que se ensina cabia principalmente na postura disciplinar da moderação, o que tornava o regulamento disciplinar aceitável, formando o aluno na retidão moral e religiosa como elementos da boa educação (GILLES, 1987, p. 100).

Em meados de 1890, os Estados Unidos da América colocaram em pauta a questão da disciplina escolar quando duas correntes de pensamento – tradicionalistas e românticas – lideraram um debate sobre a concepção de escola a partir da lida com a indisciplina. Os tradicionalistas defendiam um ideário de educação com base na instrução disciplinada e gradual da sabedoria acumulada pela civilização, os componentes curriculares seriam ensinados, como manda a tradição, por meio de métodos austeros. Ao aluno bastava "que recebesse, que aceitasse. Cumpriria seu papel quando se mostrava dócil e disciplinado." (DEWEY, 1902, p. 276).

Influenciados pela teoria de educação negativa de Rousseau, os românticos defendiam a tese de que a prática da disciplina não poderia ser condição inicial para o estudo. O ensino da disciplina deveria subordinar-se ao crescimento natural e espontâneo da criança. Para esse grupo, oriundos do National Herbart Society, a rigidez da disciplina no processo inicial de aprendizagem poderia bloquear o processo criativo do aluno. Defendiam também a ideia de que a necessidade da disciplina para o ensino individualizaria os processos de aprendizagem diante de uma pedagogia do tédio, da rotina, além de ser despótica.

As ideias extraídas para a disciplina em meio escolar, analisadas em compêndios históricos, faz-nos remeter, mais uma vez, à ideologia cristão-religiosa – da qual a educação ocidental mais sofreu influência –, principalmente no que se refere à ideia de disciplina associada à ideia de sacrifício. Essa constatação refere-se ao testemunho sistêmico cultural judaico-cristão de que o sofrimento promovido por meio de castigos e punições é essencial para se chegar à perfeição. E a tão almejada perfeição personificada pelo conhecimento pode ser alcançada desde que haja uma tomada de consciência de que é um ser "menor" e que precisa do aval de um ser "superior" – comparado a um deus, talvez para conseguir a entrada no reino, que seria os conclaves da academia. Sobre essa célula primitiva que estaria assentada a tradição escolar, Durkheim enfatiza:

> escolas de catequização das igrejas, escolas claustrais e monásticas, eis o gênero muito humilde de onde saiu todo nosso sistema de ensino. [...] E porque nossa organização escolar, em toda sua complexidade, derivou mesmo dessa célula primitiva, é que ela também nos explica, e somente ela pode alguns dos caracteres essenciais que tem apresentado ao longo de sua história ou manteve até os dias de hoje (DURKHEIM, 2002, p. 30).

A célula primitiva do modelo sistemático de educação escolar a que Durkheim se refere no texto anterior reaviva a forma de disciplinar por meio de castigo como alegoria das virtudes cristãs de pietismo, o que nos remete a um passado remoto em que similarmente eram recomendáveis as formas de se castigar um educando. Utilizado até as últimas décadas, o castigo do joelho sobre os milhos, por exemplo, indicado para alunos que não sabiam a lição do livro de português ou a tabuada da matemática, eram frequentes. Esses castigos empregados na educação escolar brasileira podem ser analisados, semioticamente, sobre a perspectiva de alguns elementos. O pedido de perdão (expresso no ato de ajoelhar-se, de origem cristã), o que gera o sofrimento (sobre os milhos, com intenção de machucar), para daí surgir a compaixão e assim seus pecados serem perdoados. Pecado que consistia em não ter feito a lição (oração) do livro que contém a obrigação (livro de catequese). O estabelecimento de vínculo na história da disciplina e indisciplina escolares entre formação moral e formas de disciplinamento simulam estratégias de formas de dominação, abrindo precedentes para uma contribuição significativa aos processos escolares, ao passo que tais processos sejam julgadamente apropriados interpretados como elementos constitutivos de processos educativos.

Ao elucidar a política de coerção, liberdade vigiada, dominação e punição sobre o intelecto, à vontade e disposições legais dos indivíduos, tornado no decorrer dos séculos XVII e XVIII fórmulas gerais de dominação, Michel Foucault contribui sistematicamente para essa reflexão com a abordagem que se propõe aqui.

A disciplina na visão de Michel Foucault

De acordo com Michel Foucault (1997), o ápice histórico das disciplinas se dá no momento em que o corpo humano é objeto de arte, visando não unicamente o aumento das suas habilidades, mas um desempenho de formação de atitudes para o controle com bases na utilidade da obediência. Dessa forma, institui-se

> [...] uma politica de coerções que consiste num trabalho sobre o corpo, numa manipulação calculada dos seus elementos, dos seus gestos, dos seus comportamentos. O corpo humano entra numa maquinaria de poder que o esquadrinha, o desarticula e o recompõe. [...] A disciplina fabrica assim corpos submissos e exercitados, "corpos dóceis". A disciplina aumenta as forças do corpo (em termos econômicos de utilidade) e diminuem essas mesmas forças (em termos políticos de obediência) (FOUCAULT, 1997, p. 119).

Para ele, a disciplina dissocia o poder do corpo fazendo dele uma aptidão, aumentando sua capacidade em um processo de inversão da energia em potência a favor de quem a sujeita. O processo dessa relação envolve além dos aspectos institucionais também os políticos e jurídicos das instituições, pois as ordens e imposições podem vir não só por meio de palavras, mas também por meio de gestos e atitudes, porque "nada é político, tudo é politizável, tudo pode tornar-se político" (FOUCAULT, 2001). A coerção disciplinar foi para a dominação acentuada o que a exploração econômica teria sido para o produto do trabalho. A "invenção" (aspas da tradução original) desta anatomia política teria sido tão eficaz que logo estaria permeando todas as instituições, sendo aplicada em diversos campos de atuação. Na sociedade contemporânea, a gestão da conduta das pessoas criou uma sociedade disciplinar que tem como fim a sociedade de controle. Sociedade que sob a "falsa sensação de liberdade" faz-se prisioneira, pois tudo pode sob vigilância das câmeras, das fotografias, das transmissões em redes sociais, tudo que nós fazemos ou até mesmo pensamos pode ser transmitido em tempo quase que instantâneo para toda a parte do planeta.

As instituições disciplinares que não pararam de cessar desde o século XVII constituíram suas técnicas, quase sempre minuciosas, a partir dos detalhes, coisas que aparentemente são pequenas, mas são imprescindíveis "porque definem certo modo de investimento politico e detalhado do corpo, uma nova 'microfísica' do poder" (FOUCAULT, 2004, p. 119). E é dessa capacidade técnica de observar minuciosamente o detalhe - herança Clássica - e da capacidade de dar ao mesmo tempo um enfoque político nas pequenas coisas para o controle e utilização dos humanos que nasce o humano moderno. Os processos disciplinares subjazem desse processo e, neste contexto, a disciplina se utilizará de dois dispositivos para promover sua eficácia sobre os indivíduos: A arte das distribuições em que a disciplina procede pela gestão do espaço e o controle da atividade em que se estabelece a gestão do tempo com finalidade de se alcançar melhores resultados em atividades programadas.

Na arte das distribuições, a disciplina distribui corretamente os indivíduos no espaço, visando a sua submissão. A disciplina exige muros para afastar qualquer interferência que venha a ser exaurida. Exige-se a especificação de um local heterogêneo a todos os outros e fechado em si mesmo. Local protegido na monotonia disciplinar. E no controle da atividade o tempo é o que deve ser controlado.

De acordo com a pesquisa de Foucault, após a Revolução Industrial, a disciplina também se incumbe de, nas fábricas, legitimar os processos de otimização de espaços. Elementos como sinal, refeitórios, filas, ambientes comuns reservados à hierarquia são transpostos para o ambiente escolar com finalidades similares. A fila tem a ação funcional de reservar a todos um lugar no espaço, de maneira que todos fiquem em ordem e fixos para se ouvir e não perder a voz de alguém de maior grau na hierarquia, que sempre deve estar à frente.

A formação dos "corpos dóceis" sustenta e serve para a manutenção do poder estabelecido, pois não acomoda e ocupa o mesmo espaço. Na escola, a sociedade dos indivíduos tornou-se a sociedade disciplinar e contemporaneizou-se, como reprodução da sociedade do controle (DELEUZE, 1992). A reprodução dessa sociedade inicia-se com a vigilância das câmeras, a presença dos inspetores nos pátios, uma forma de carcereiros, serve para fazer saber que alguém os vê ali, que todos estão sob o controle do Estado. Ao passar de uma instituição para outra, os comportamentos já estão instalados. Da família para a escola; da escola para a fábrica ou para a prisão. O espaço fechado já lhe é familiar, além do costume de sempre recomeçar a aprender a conhecer as regras, a disciplina do lugar. Outra forma de manter o controle são as chamadas feitas a cada cinquenta minutos. A cada cinquenta minutos, não mais que isso, um professor adentra a sala de aula e – na condição de funcionário do governo – checa para ver se todos estão ali ou já fugiram, para que suas famílias sejam avisadas e continuem o processo de controle. Nesse espaço, fechado com grades para que ninguém fuja, as pessoas não têm nomes, têm números. A chamada é feita rapidamente, pois não há tempo para tanto. Os métodos de controle utilizados são de curto prazo e de rotação rápida, mas contínuos e ilimitados.

> Importa estabelecer as presenças e as ausências, saber onde e como encontrar os indivíduos, instaurar as comunicações úteis, interromper as outras, poder a cada instante vigiar o comportamento de cada um, apreciá-lo, sancioná-lo, medir as qualidades ou os méritos. Procedimento, portanto, para conhecer, dominar e utilizar (FOUCAULT, 2004, p. 122-123).

A liberdade dos indivíduos passa a ser vigiada, controlada e supervisionada. E ela se torna ainda mais eficaz se, além de controlar a mobilidade corporal, controlar também a troca de informação, a comunicação. Por isso a disciplinarização dos corpos exige muros, controle sobre a hora de se fazer as coisas; todos devem estar juntos para facilitar o controle de indivíduos que na massa deixam de ser pessoas para serem objetos. O corpo humano passa à categoria de objeto, um objeto constantemente em movimento, sempre a produzir e a trabalhar, até à máxima exaustão, utilizado até aos seus últimos limites; e ao constatar a perda de suas forças pode ser "reciclado" para que produza em sua máxima eficiência. Esses métodos que permitem o controle minucioso das operações do corpo, que realizam a sujeição constante de suas horas e lhes impõem uma relação de docilidade-utilidade são o que podemos chamar as "disciplinas" (FOUCAULT, 2004, p. 117).

A disciplina analisada por Foucault, sinonímica de função social de castigo – por ser engendrada por métodos punitivos –, é realizada não como simples fenômenos de estruturas sociais ou em condição de direito, mas antes de tudo como processos de poder, uma vez que os castigos assumem a "[...] a perspectiva da tática politica." (Idem, ibidem, p. 23).

Os processos disciplinares desenvolvidos nas escolas de educação pública brasileira ainda não estabeleceran uma identidade relacionada com os processos disciplinares que se demanda na sociedade contemporânea. Ela está "confusa" entre a necessidade política da participação com entraves sérios de resquícios ainda da influência disciplinar monástica e patriótica ou militarizada. Por falta de um projeto político-pedagógico adequado e contemporâneo, percebe-se um processo educativo em cuja disciplina apenas reflete controle do Estado sobre os indivíduos, assim como na Europa medieval refletiam o credo e a concepção religiosa. Dessa forma, a disciplina "normatiza":

> [...] o espaço analítico. E ainda aí a instituição escolar encontra um velho procedimento arquitetural e religioso: a cela dos conventos. Mesmo que os compartimentos que ela atribui se tornem puramente ideais, o espaço das disciplinas é sempre no fundo, celular. Solidão necessária do corpo e da alma, dizia certo ascetismo: eles devem, ao menos por momentos, se defrontar a sós com a tentação e talvez com a severidade de Deus (FOUCAULT, 1997, p.123).

Nesse tipo de controle, a utilização da organização espacial e funcional deve ser cuidadosamente exclusiva ao ato de vigiar as comunicações perigosas. Por isso,

> na disciplina, os elementos são intercambiáveis, pois cada um se define pelo lugar que ocupa na série, e pela distância que o separa dos outros. A unidade não é, portanto, nem o território (unidade de dominação), nem o local (unidade de resistência), mas a posição na fila: o lugar que alguém ocupa numa classificação, o ponto em que se cruzam uma linha e uma coluna, o intervalo numa série de intervalos que se pode percorrer sucessivamente. A disciplina, arte de dispor em fila, e de técnica para a transformação dos arranjos. Ela individualiza os corpos por uma localização que não os implanta, mas os distribui e os faz circular numa rede de relações [...] (Idem, ibidem p. 125).

Na sala de aula, há à frente um tablado mais alto onde repousa alguém tido como "superior", do qual não se pode deixar de ouvir as instruções; alguém que possa chegar para pronunciar, ditar as ordens.

> Os escolares das lições mais adiantadas serão colocados nos bancos mais próximos da parede e em seguida os outros segundo a ordem das lições avançadas para o meio da sala. Cada um dos alunos terá o seu lugar marcado e nenhum o deixará nem trocará sem a ordem e o consentimento do inspetor das escolas. [...] Haverá em todas as salas de aula lugares determinados para todos os escolares de todas as classes (Idem, ibidem, p. 126).

Cada um é definido pelo lugar que ocupa, pela distância que o separa do outro. Sua disposição no espaço o faz sempre lembrar que o lugar que ocupa não é seu local de dominação, não é sua casa. Há uma diferenciação e uma classificação. A disciplina, arte de dominação dos corpos, mantém os indivíduos enfileirados, pois assim os corpos se tornam aprazíveis ao controle, uma vez que vistos e separados garantem obediência, rendendo melhor economia de tempo e de gestos de quem os observa. O alinhamento das fileiras ordena-os por desempenho, sugerindo uma hierarquia. Por isso, a disciplina não deixa de ser massificadora e individualizadora, pois dinamiza todos em um mesmo espaço. É a primeira das grandes atitudes da disciplina, pois essa operação constitui "quadros vivos" organizados de uma população confusa, "inútil" ou perigosa, que poderá se transformar numa ameaça à ordem estabelecida. A taxonomia dos "quadros vivos" garante o controle e o uso de um conjunto de elementos distintos: a base para uma microfísica de um poder que Foucault chamou de celular.

A eficácia ou qualidade dos processos disciplinares por meio do controle e maximização de um poder estabelecido não se atém somente na distribuição dos espaços, incumbe-se-lhe também o controle do tempo da atividade. Assim, parafraseando Foucault em comparativo com as rotinas escolares e os combinados de sala de aula tem-se:

> 8,45 entrada do monitor, 8,52 chamada do monitor, 8,56 entrada das crianças e oração, 9 horas entrada nos bancos, 9,04 primeira lousa, 9,08 fim do ditado, 9,12 segunda lousa, etc. (FOUCAULT, 2004, p. 128).

O processo de disciplina do tempo proposta para a escola no começo do século XIX já teria sido pensada por necessidade de mercado. O disciplinamento do tempo exigido nas escolas seria necessário, pois assim formariam futuros operários. De uma necessidade fabril, houve a necessidade de se aprender, já na escola, a controlar o tempo para a produção. Perder tempo significava perder capital. A harmonia desencadeada pelo controle do tempo, do espaço e do gesto tornam todos hábeis, já que para mexer com o torno da fábrica não precisa ter gestos muitos articulados, aliás, tal máquina pede sempre o mesmo gesto para uma produção eficiente. Tal aprendizado torna todos soldados de uma causa. Por isso, elementos de educação cívica comandados nos quartéis militares também são fundamentais nos processos disciplinares. Assim, práticas de disciplina voltam-se a esse perfil. Pratica-se a elaboração temporal do ato; cada ato, cada gesto, deve ser expresso no seu tempo certo, o andar pra frente, o andar pra trás. As filas remetem-se às marchas de soldados em tropa.

> [...] acostumar os soldados a marchar por fila ou em batalhão, a marchar na cadência do tambor. E, para isso, começar com o pé direito a fim que toda a tropa esteja a levantar o mesmo pé ao mesmo tempo [...] (FOUCAULT, 1997, p. 129).

Dessa forma, salas de aula com fileiras de carteiras alinhadas, com alunos calados são mais apreciadas. Tal fotografia transmite a imagem de que a aula está dando certo, todos estão aprendendo e o método que ali se aplica é, imensuravelmente, infalível. A disciplinarização dos corpos exige que os indivíduos mantenham uma relação pacificadora com o objeto, para assim definir cada uma das relações que o corpo deve manter com o objeto que manipula. O controle disciplinar consiste também em ensinar a impor uma série de gestos definidos para que a relação entre gesto e atitude tenha sua eficácia garantida. A articulação corpo-objeto que manipula é definido pela disciplina, ela estabelece cuidadosa harmonia entre ambos. O indivíduo passa por um processo de despersonalização e se integra numa máquina produtora. O indivíduo, então homem-máquina, gradualmente reveste-se da exigência de uma nova disciplina: a disciplinarização para a construção de uma nova máquina, cujo efeito será elevado ao máximo pela articulação combinada das peças elementares de que ela se compõe. E enfim, a intensidade da relação será tão intensa que ambos se misturam e num processo de metamorfose não se sabe mais quem é máquina, quem é homem. Eis aí a construção de um novo ser: o homem-máquina. O homem máquina não pensa, só executa. A disciplina não é mais simplesmente uma arte de extrair e acumular o seu tempo, mas de compor forças para obter um aparelho eficiente. O corpo agora objeto do homem-máquina deve produzir, logo constituinte de um novo estágio, o ser mercadoria.

O poder disciplinar é, segundo Foucault, um poder que, em vez de se apropriar e de retirar, tem como função maior de "adestrar" para o adestrado "servir", e cada vez mais. Assim, a função da disciplina não pode ser confundida com a de sacrifício. A finalidade não é sacrificar ou destruir o corpo, é de se apropriar, ao máximo, para a funcionalidade. Nesses mecanismos reside a ideia de verdadeira arte da disciplina, o bom adestramento.

Relações e formas de poder

Mesmo antes de Foucault, o poder fora objeto de análise de diversos filósofos. Cada um deles atribuiu uma percepção diferenciada ao poder enquanto ser abstrato, realizável nas relações e constituintes em várias dimensões. Espinosa (1983) relacionou poder e potência, Nietzsche (2003) representou o poder como expressão de conflito entre o prazer e o desprazer; Maquiavel (2003) encarou-o como forma de controle sobre coisas e pessoas; e Hobbes (2003), como prática do egoísmo. Em todos os casos, as nuances do poder mantêm estreita relação com a finalidade pessoal com que seu criador se dispõe a fazer com ele.

Para Foucault (2001), as formas e relações de poder são constituintes de um ponto de vista estabelecido sobre a verdade. Para ele, o poder por si só não existe. O que existem são relações que o legitimam, desencadeadoras de sua prática. Devido sua gênese estar sempre submersa nas relações, o exercício do poder ou as forças que o comprimem – por meio das lutas de resistência – geram outro poder. Do desempenho das lutas e forças faz nascer outra "verdade" que não existe fora do poder ou sem poder, pois ele sempre está a serviço de quê e de quem o gerou. Não obstante que

> [...] a verdade é deste mundo; ela é produzida nele graças às múltiplas coerções e nele produz efeitos regulamentados de poder.

> Cada sociedade tem o seu regime de verdade, sua política geral de verdade, isto é, os tipos de discursos que ela acolhe e faz funcionar como verdadeiro [...] o estatuto daqueles que têm o encargo de dizer que funciona como verdadeiro (FOUCAUT, 2001, p. 12).

A verdade reside, assim, no "conjunto de regras, segundo as quais se distingue o verdadeiro do falso e se atribui aos verdadeiros efeitos específicos de poder" (Idem, ibidem p. 13). Nessa relação, o "poder" se justifica como "verdade" criada por que dele se precisa, por isso é utilizado como verdade.

Em *Vigiar e punir*, Foucault assim se pronuncia:

> Ora, o estudo desta microfísica supõe que o poder nela exercido não seja concebido como uma propriedade, mas como uma estratégia, que seus efeitos de dominação não sejam atribuídos a uma "apropriação", mas a disposições, a manobras, a táticas, a técnicas, a funcionamentos; que se desvende nele antes uma rede de relações sempre tensas, sempre em atividade, que um privilégio que se pudesse deter; que se seja dado como modelo antes a batalha perpétua que o contrato que faz uma cessão ou uma conquista que se apodera de um domínio. Temos, em suma, de admitir que esse poder se exerça mais do que se possui, que não é "privilégio" adquirido ou conservado da classe dominante, mas o efeito de conjunto de suas posições estratégicas – efeito manifestado e às vezes reconduzidas pela posição dos que são dominados (FOUCAULT, 1975, p. 29).

A imposição de uma "verdade" estabelecida nas relações de poder só assume tal estatuto se ela for concebida por quem a submete, pois "a verdade, espécie de erro que tem a seu favor o fato de não poder ser refutada" (FOUCAULT, 1975, p. 19) é medida pela dimensão do poder de quem a gerou e, por isso, surtirá efeitos, também, a depender do poder sobre quem ela fora gerada ou a de que grupo político-ideológico a fez gerar. Assim, o que comanda as relações não são verdades universais, mas aquelas construídas tendo como referência um paradigma de relações que se organizam na anarquia estabelecida pelo poder por quem se acha detentor dele. Verdades são convenções. Por isso, "o dito e o não dito são os elementos dos dispositivos. O dispositivo é a rede que se pode estabelecer entre estes elementos" (FOUCAULT, 1975, p. 24). Portanto, o poder é uma inscrição de um jogo que se estrutura em um saber. Na realização do discurso cotidiano, realizado em situações não formais, o "saber" torna-se um "poder", pois o poder de dizer ou não dizer algo se torna o poder do interlocutor saber ou não saber do dito e informado, por isso o não dizer é a força do poder. O dispositivo é a "estratégias de relações de força sustentando tipos de saber e sendo sustentadas por eles [...] a epistéme é um dispositivo especificamente discursivo [...]" (FOUCAULT, 1975, p. 246).

A palavra *epistéme* (conhecimento), utilizada por Foucault, designa o poder estabelecido pelas formas de saberes que se impõem sobre o indivíduo, por meio das instituições oficializadas como verdades universais. Ao centrar sua reflexão acerca dos processos de poder, os realizados no discurso científico, que segundo ele, está centrado,

> [...] nas instituições que o produzem; está submetida a uma constante incitação econômica e política (necessidade de verdade tanto para a produção econômica, quanto para o poder político); é objeto, de várias formas, de uma imensa difusão e de um imenso consumo (circula nos aparelhos de educação ou de informação, cuja extensão no corpo social é relativamente grande, não obstante algumas limitações rigorosas); é produzida e transmitida sob o controle, não exclusivo, mas dominante, de alguns grandes aparelhos políticos ou econômicos (universidade, exército, escritura, meios de comunicação); enfim, é objeto de debate político e de confronto social (as lutas ideológicas) (FOUCAULT, 2001, p. 13).

Apesar de essas reflexões terem sido geradas em contextos metalinguísticos e serem de melhor compreensão se ampliadas ao conhecimento aceito e veiculado pelas universidades, é possível uma transposição para a escola enquanto instituição educacional.

A estrutura escolar é uma estrutura de poder. Todos os mecanismos gerados em torno da vida escolar sugerem tal relação. A escolha do currículo (veículo de ideologia) e até mesmo as formas de funcionamento na divisão do tempo e do espaço elucidam as formas e relações de poder que a instituição exerce sobre as pessoas, seja ele em nível de sistema (do estado, por exemplo), de empresa, e que, de certa forma, evacuam em formas de micropoderes manifestados nas relações sociais.

De acordo com Foucault, o poder não se realiza somente numa relação vertical, ela também existe, e principalmente, numa relação horizontal. É a partir da genealogia do outro que ele se instala; sempre em uma relação trilateral ou triangular em que sua gênese depende do estado de relações de conhecimento entre dois sujeitos e um objeto. A gênese do poder só é realizável entre indivíduos. Naturalmente o conhecimento sobre um objeto o faz detentor de um "poder" e isto é utilizado como força geradora de poder sobre o outro, sobre determinada situação na operação, minimização ou maximização de conflitos. Ele chama a atenção para a "verdade" determinada pelos saberes dominados, tida e aceita como universal e que rejeita qualquer tipo de reflexão que coloque em cheque sua validade. É o poder das instituições que em nome de um poder estabelecido tem o direito de aceitar ou não qualquer proposição como verdadeira ou falsa. Nas relações institucionais, o "saber" torna-se "poder" de maneira que o poder de dizer ou não dizer é a força do poder. Assim, "ele (o saber) se ordena em torno da norma, em termos do que é normal ou não, correto ou não, do que se deve ou não fazer." (FOUCAULT, 1996, p. 88). Essas práticas – quando descabidas de senso crítico – fazem dos indivíduos a quem se prestam serviços nos processos educacionais, não sujeitos de uma comunicação, mas objetos de uma informação. Os elementos de controle, outrora salientados por Foucault em seus estudos nas instituições representativas do Estado (prisões, hospitais, hospícios, escolas, etc.), cujos elementos de poder se revelavam – e revelam – nos espaços físicos e temporais, constituem sistemas de controle sobre a qual historicamente não se necessitou a participação crítica nos processos, pois são instituições historicamente veladas como verdades irrefutáveis para que pensem assim, como instituições infalíveis.

A incursão da verdade no discurso gerido pela educação escolar ainda promovida em tempos atuais se dá e toma corpo a partir do momento histórico em que a escola deixa de ser espaço de ócio e lazer (tradição greco-romana) e assume a responsabilidade social de espaço institucionalizado de aprendizagem organizada (ideal grego). A necessidade de se apreender a dominar habilidades básicas de leitura e escrita, assim como os conhecimentos matemáticos para aplicação no comércio que se estabilizava com a consolidação das cidades no início da idade moderna, tornou ainda mais a escola como espaço institucional de propagação de finalidades objetivas, logo de interesses.

Para Libâneo, Oliveira e Toschi (2012), a necessidade da 'escola' enquanto instituição incursora de "verdades" já era fato quando se propõe a necessidade desta para se propagar ideologias. A necessidade de se educar para a religião, por exemplo, sugere que a escola atenda, historicamente, a interesses de quem a controla (p. 233). A presença de sacerdotes na antiga educação egípcia; a escola de Esparta e Atenas que era direcionada à formação de guerreiros, cosmopolita, imperial inspiradora da educação heroico-patrícia romana; as escolas monásticas da idade média a serviço da igreja católica; a necessidade da construção de escolas para se propagar o protestantismo na Europa, no século XVI, liderada por João Calvino; a presença dos jesuítas no Brasil colonial, sob o comando do padre Anchieta, até o avante de Marquês de Pombal; a educação escolar a serviço do governo Vargas (1932) na construção do Estado Novo que se utilizava de elementos fascistas como principal estratégia de propagação do populismo, e a escola atual a favor do mercantilismo ou à ideologias de esquerda, são alguns exemplos disso. Dessa forma, as diretrizes que comandam o funcionamento, as estruturas e a organização das escolas numa perspectiva crítica, acabam, tornando-as,

> uma organização política, ideológica e cultural em que indivíduos e grupos de diferentes interesses, preferências, crenças, valores e percepções da realidade mobilizam poderes e elaboram processos de negociação, pactos e enfrentamentos (LIBÂNEO, OLIVEIRA & TORSCHI, 2012, p. 235).

O discurso produzido em meio escolar veicula ideologicamente "verdades" com finalidades práticas de manutenção de poder. O exercício de poder percebido na cultura escolar se faz mediante à influência entre pessoas e instituição, de modo que elas determinam as finalidades de cada ação, constituindo um fenômeno de controle eficaz para a dominação e para aliciar formas de conduta e maneiras de pensar. Nas palavras de Foucault (1984), o comportamento social é um reflexo direto ou indireto da orientação e expressão de um jogo de alguma forma de poder. Esse jogo é orientado para funções diversas, seja ela negativa utilizada de maneira perniciosa – quando isso é utilizado de modo individualista e oportunista de uns contra os outros – seja positiva, utilizado com empatia, quando orientado para as relações pessoais do bem-estar coletivo na realização de objetivos comuns. Foucault (1984) aponta para a necessidade de se superar a visão negativa de poder para uma perspectiva positiva. E para isso é preciso uma mudança de cultura, pois as relações de poder são culturalmente formadas, e por isso as mudanças exigem processos de internalização gradual e crítica de hábitos e costumes.

As relações de poder que se estabelecem no espaço escolar e que assumem sua materialidade nas formas de disciplina, mais precisamente nas salas de aula, refletem relações autoritárias de poder, cujas práticas remetem à relação hierarquizada em que alguém detém o poder do dizer e que se encerra por si só. Tal prática, formada com mecanismos de controle, se insere num jogo dinâmico de contradições em que o exercício do poder define as regras do jogo nas relações imbricadas no processo disciplinar.

Em vista disso, ao se examinar a necessidade de uma gestão de poder nas relações institucionais aponta-se para a necessidade do rompimento das estruturas implantadas necessariamente para servir a comandos de caprichos pessoais de quem as comandam, cuja dinâmica é de apenas manutenção de um pseudopoder estabelecido em detrimento aos processos democráticos de produção do conhecimento e formação para uma educação cidadã.

Conceitos propostos por Foucault sobre os "regimes de verdade como tecnologia do eu" contribuem com essa reflexão. Os discursos produzidos nas relações de poder historicamente constituídos emitem formas de verdade definidas por meio de ações racionalizadas e justificadas em contextos determinados. Dessa forma, os discursos funcionam não em sentido realmente como os são, mas como funcionam em determinados contextos. Os "regimes de verdade", ou ainda as visões de "verdade", são formas de controle e regulação. "A verdade está circularmente ligada a sistemas de poder, que a produzem e a apoiam, e a efeitos de poder que ela induz e que a reproduzem" (FOUCAULT, 2000, p. 133).

Se o poder e a verdade estão ligados numa relação circular quando a verdade existe numa relação enquanto àquele opera em conexão com esta, então todos os discursos funcionam como "regimes de verdade". Os regimes de verdade, nesse contexto, definem-se como tudo aquilo que se persegue num determinado processo rumo a um objetivo, previamente determinado, delimitado pela vontade e arranjado em habilidades e expressos em competências para alcançá-lo. Tendo como referencial 'padrões éticos', 'regimes de verdade' é toda ação orientada pela perspectiva autônoma do 'querer fazer' e 'saber fazer' aquilo que incumbir numa prestação de serviços, sobrepondo-se – no caso de um serviço de natureza pública - os interesses coletivos aos individuais.

O discurso produzido em meio escolar produz processos disciplinares como "regimes de verdade" autorizando e destituindo poder sobre aquilo que diz e faz. Nessa dinâmica atribui-se poder a quem está autorizado a falar. A estratégia de se fazer acreditar nos fatos (veracidade) torna-se eficaz meio a capacidade de se fazer acreditar na possibilidade daquilo que se oculta.Para Foucault, poder e saber não são idênticos, pois eles se distanciam convencionalmente quando analisados em pares afirmativos, como "saber é poder" ou "poder é saber".

O método comparativo de análises de pares afirmativos convence-nos no poder que se opera nas realizações discursivas. Nas línguas românticas, isso é muito possível e produz um efeito estilístico contundente ao afirmar algo. Na língua portuguesa, por exemplo, deslocar uma pausa ou palavra de lugar muda o significado da informação que se quer transmitir. Refletindo a partir de nossa própria cultura, podemos notar outro exemplo nos pares: "Não fechem a porta!" e "Não, fechem a porta!". A pausa na fala, representada pela vírgula na escrita, indica informações contextuais diferentes. Para tal compreensão, a pragmática explicaria que no primeiro caso a porta estaria fechada e no segundo caso ela estaria aberta. As pequenas micropráticas de poder utilizadas no discurso são representativas nas formas de poder, logo de dominação. O uso do poder, por meio do discurso, inverte a articulação convencional na qual o poder funciona apenas de forma negativa e na qual a verdade ou o saber podem inverter apagar ou desafiar a dominação do poder repressivo. O saber, nessa perspectiva, serve de contra-ataque aos males do poder. Em seu entendimento, o poder não é necessariamente repressivo, uma vez que incita, induz, seduz, torna mais fácil ou mais difícil, amplia ou limita, torna mais provável ou menos provável. Além disso, o poder é exercido ou praticado em vez de possuído e, assim, circula passando através de toda força a ele relacionada. Nisso verifica-se que o poder não se encerra em um só detentor, pois a existência da dominação implica necessariamente a não ausência do dominado.

Foucault constatou em suas pesquisas que as micropráticas de poder surgem com o declínio da monarquia e o aparecimento de formas de governo moderno, quando se acendem os processos de democratização e o indivíduo adquire seu *status* de liberdade, tornando o poder "disciplinar" – devido sua "invisibilidade", por meio das tecnologias normalizadoras do eu –, controlável.

A reflexão gerada sobre o panóptico de Bentham[5] ilustra de modo muito contundente a ideia de liberdade vigiada como mecanismo de poder da sociedade disciplinar eficaz na sociedade do controle.

> Daí o efeito mais importante do panóptico: induzir no detento um estado consciente e permanente de visibilidade que assegure o funcionamento automático do poder (FOUCAULT, 1987, p. 177).

O poder disciplinar torna-se internalizado.

> Quem está submetido a um campo de visibilidade e sabe disso retoma por sua conta as limitações do poder; fá-las funcionar espontaneamente sobre si mesmo; inscreve-se em si as relações de poder na qual ele desempenha simultaneamente os dois papéis; torna-se o princípio de sua própria sujeição (Idem, ibidem, p.179).

A ideia de poder disciplinar se manifesta não somente em meios escolares, mas em toda relação social reduz a liberdade do indivíduo ao limite da convivência, fazendo-se entender a atual sociedade face às perplexidades da autorregulação e do controle. Tais mecanismos se expandem por todas as instituições modernas e se tornam necessários para o controle das massas. Daí pode haver a explicação de que "a prisão se pareça com as fábricas, com as escolas, com os quartéis, com os hospitais, e todas se pareçam com as prisões?" (Op. cit., p. 199). As relações de poder desenvolvidas em meios escolares face aos processos educacionais e pedagógicos se realizam em torno de um saber historicamente construído.

Os pesquisadores Libâneo, Oliveira e Toschi (2012) defendem que as práticas de organização e gestão educam, pois elas influenciam nas maneiras de pensar e agir das pessoas (p. 414). A construção da cultura escolar pelos indivíduos torna-se fundamental para o desencadeio de ações e de mecanismos influenciando decisivamente

5. O panóptico de Bentham corresponde a um projeto arquitetônico em que na periferia há uma construção em anel e no centro, uma torre, vazada com alargas janelas, de onde se pode ver sem parar tudo o que acontece nas celas, onde está um louco, um doente, um condenado, um operário ou um escolar (FOUCAULT, 1987, p. 177).

na formação de condutas e maneiras de pensar na lida do meio escolar. Por ser um ambiente formativo, a escola ensina em tudo que faz. O autodisciplinamento realizado em meios escolares desenvolve tal cultura quando estabelece formas de relação de controle sobre si e sobre os outros.

Foucault (1987) denomina as técnicas praticadas que induzem o comportamento de "tecnologias do eu" que agem sobre o corpo: olhos, mãos, boca, movimento. São regimes corporais políticos particulares que funcionam como regimes de verdade. As relações disciplinares de poder-saber são fundamentais aos processos escolares. Sejam elas impostas pelos professores, sejam elas impostas aos professores como notificou Foucault:

> uma relação de fiscalização, definida e regulada, está inserida na essência da prática do ensino: não como uma peça trazida ou adjacente, mas como um mecanismo que lhe é inerente e que multiplica a sua eficiência (FOUCAULT, 1987, p. 158).

Ele defendeu a ideia de que "é justamente, no discurso que vêm a se articular poder e saber" (Idem, ibidem, p. 95).

Em *História da sexualidade – a verdade de saber* (1977), Foucault assegura que

> Não se deve imaginar um mundo do discurso dividido entre o discurso admitido e o excluído, ou entre o dominante e o dominado; mas, ao contrário, como uma multiplicidade de elementos discursivos que podem entrar em estratégias diferentes... Os discursos, como os silêncios, nem são submetidos de uma vez por todas ao poder, nem opostos a ele. É preciso admitir um jogo complexo e instável em que discurso pode ser ao mesmo tempo, instrumento e efeito de poder, e também obstáculo, escora, ponto de resistência e ponto de partida de uma estratégia oposta. O discurso veicula e produz poder; reforça-o, mas também o mina, expõe debilita e permite barrá-lo. Não existe o discurso do poder de um lado e, em face dele, outro, contraposto (FOUCAULT, 1977, p. 95-96).

Assim sendo, mesmo os discursos considerados progressistas e emancipatórios não estão isentos dessa análise. Não existem práticas pedagógicas inerentemente libertadoras ou inerentemente repressivas, pois qualquer prática é capaz de tornar-se forma de resistência. Afinal, se as relações de 'poder' são dispersas e fragmentadas ao longo do campo social, assim também deve ser a 'resistência ao poder'. Nesta proposta de análise de discurso de Foucault, nem mesmo, nas 'práticas pedagógicas mais progressistas', as formas de 'manipulação de poder' escapam. Numa sala de aula, por exemplo, em que alunos são colocados em círculo, sob a condição de se ouvir a todos em situação de igual para igual para manifestação de opinião e escuta, tal discurso esconde a verdadeira estratégia do controle. Eles passam de uma situação de enfileirados para uma posição de "melhor observados" pelo professor e por todos, sem serem notadamente percebidos. O círculo pode exigir dos alunos uma maior autodisciplina, pela qual eles assumem a responsabilidade de comportar-se apropriadamente aos olhos de todos. A privacidade parcial permitida pelas carteiras enfileiradas pode desaparecer. Mascaradas sob a prática da boa intenção do ouvir,

> [...] as práticas dos círculos supõem duas táticas de controle que constituem mecanismos de poder altamente eficientes para quem comanda, pois eles representam a formidável injunção para dizer o que se é (FOUCAULT, 1977, p. 60).

Tais técnicas representam

> [...] um ritual que, tendo adquirido um patamar científico como uma operação terapêutica, tem efeitos discerníveis de poder: a verdade é corroborada pela tribulação de relatá-la e isso produz modificações intrínsecas na pessoa que a anuncia (FOUCAULT, 1977, p.62).

A confissão e o exame estão presentes em todos os discursos que buscam obrigar outros a falarem, seja com suas próprias vozes, seja concedendo-lhe a voz, seja sufocando-a. Na escola, encontramos espaços destinados a esse fim. Profissionais à frente no controle institucional criam uma atmosfera de culpa para que sejam desveladas questões que muitas vezes ferem profundamente o direito à privacidade de alunos e professores em nome de uma "verdade". Os exames, modernamente mascarados de avaliações internas e externas, em nome da "qualidade", buscam alinhar em controle os discursos educacionais institucionalizados. "Sustentado pela observação hierárquica e pelo julgamento normalizador, o exame sujeita aqueles que são percebidos como objeto e objetiva àqueles que são sujeitados" (p. 185). Ele permite que características particulares dos sujeitos sob a observação ou análise sejam relatadas, classificadas, julgadas e utilizadas, e funciona tanto para produzir quanto para disciplinar, uma vez que não apenas autentica uma aquisição de conhecimento, mas extrai do outro um conhecimento extremamente controlado. É funcionalmente tático, nessa lógica de jogo de poder do cotidiano escolar, criar situações de suspeitas e apreensões sobre vítimas e culpados para as quais não se teria sentido se a verdade tal qual está simulada em fatos fosse exposta. A careação corroboraria em apenas falácias. Para a eficácia dessa tática, não seria permitida a descoberta da "verdade absoluta" consignificante em fatos. O que valeria é o "ouvir dizer" e a "suspeita", que se desencadeariam nos olhares maldosos e rejeições usufruindo-se do mal que tudo poderia causar ao adversário. Essa sujeição recíproca e intersubjetiva daqueles que participam do processo educacional caracteriza o dilema insolúvel da liberdade e da autoridade, da educação e da doutrinação, da reprodução e da resistência em educação como formas de controle e manutenção de poder.

Em *Vigiar e Punir*, Foucault (1985, 1987, 2004) salienta nos detalhes do dia a dia "pequenas técnicas de notação, de registro, de constituição de arquivos, de arranjos de fatos e colunas e tabelas" (p. 190-91), e nos adverte a respeito do vínculo que essas questões de profunda importância sustentam, em pequenas ações, maneiras de mostrar disciplinado, obedientes corpos dóceis. A construção do sujeito obediente é produzida paulatinamente por um poder pouco notado e difícil de denunciar: um poder que circula através dessas pequenas técnicas numa rede de instituições sociais, como a escola. Em geral, práticas como o exame e a confissão fabricam e fixam (objetivam) o indivíduo e a sua diferença à medida que acumulam e ordenam um feixe de significações. Ninguém escapa do próprio posicionamento nessa operação eficiente, produtiva, em forma de rede. Treinados para olhar o desviante, os profissionais reúnem informações sob toda forma de serviço executado para restaurar o desviante do estado normal. O grau de desvio é quantificado pela distância em relação à norma. O sujeito obediente está situado como um ponto de referência sobre o qual uma rigorosa e incessante interrogação é traçada. O exame, por exemplo, é uma disciplina "sem limites", imbuída de uma "curiosidade impiedosa" (p. 227). O sujeito é submetido ao olhar: "ele é visto, mas não vê; ele é objeto de informação, nunca um sujeito na comunicação" (p. 200). O indivíduo formado para ser sujeito dócil é um ser disciplinado por uma "política de coerções que agem sobre o corpo" (p. 138) para ser obediente. Na medida em que o corpo é coagido – utilizado aqui no sentido de explorado e submetido – a aplicação de várias técnicas disciplinares faz do corpo do submetido a necessidade de percepção de sensação uma capacidade aumentada. Porque o ser obediente também possui um poder; por isso que ele é obediente. Para ele, a obediência é a força de seu poder. Pois na medida em que o é destituído de seu poder, o obediente se retrata e pode não mais sê-lo. As relações de poder, portanto, são imanentes e não externas à educação e seus discursos; os professores e alunos são sujeitos de poder e saber, e suas ações estão sempre implicadas nas próprias relações sobre as quais (e no interior das quais) eles agem. Foucault conclui essa ideia dizendo:

> Estamos sempre "dentro" do poder, não há como escapar dele, não existe relativamente a ele, nenhum exterior absoluto [...]. Isso equivaleria a desconhecer o caráter estritamente relacional das correlações de poder. Elas não podem existir senão em função de uma multiplicidade de pontos de resistência, que representam nas relações de poder, o papel de adversário, de alvo, de apoio, de saliência que permite a apreensão (FOUCAULT, 1985, p. 95).

No interior das relações de poder, nós simultaneamente governamos a nós próprios e nos sujeitamos a outros. A tendência moderna das práticas escolares, mesmo que de forma indireta, é subliminar e direcionar à uniformização. Uma sociedade totalmente uniformizada é a possibilidade do controle total sobre os 'corpos', realidade tão mítica quanto utópica. Isso porque as diferenças são irredutíveis e impossíveis de serem fixadas. As diferenças nos dão a condição de únicos, construídos de forma ativa nas relações interindividuais. O aforismo de Foucault "onde existe poder existe resistência", muito frequentemente interpretado de modo aligeirado, faz entender que resistência é sempre necessariamente contra o 'poder'. No entanto, o que ele quis dizer é que a resistência faz parte do poder "e, contudo, ou melhor, consequentemente, essa resistência não está nunca numa posição de exterioridade em relação do poder" (1985, p. 95). A resistência não é nunca oposta ao poder; em vez disso, o poder produz múltiplos pontos de resistência contra si mesmo e, inadvertidamente, gera oposição. Mais nobre e frutífero que a resistência nas relações sociais, Foucault defende em quase toda sua obra o conceito de recusa. Esse conceito aparece nas poucas vezes que ele sugere explicitamente alternativas para o presente, indicando que a nossa tarefa poderá ser "não de descobrir o que somos, mas recusar o que somos [...] imaginar e construir o que poderíamos ser [...]" (FOULCAULT apud SILVA, 1994, p. 107).

Parece óbvio que para criticar e recusar a ideia de que precisamos ter descoberto o que somos e, ainda, como somos constituídos, leva-nos ao distanciamento do personagem que queremos representar na busca do sujeito que queremos ser. Cabe a nós buscarmos imaginar o presente como "uma coisa diferente da que é e transformá-lo, não o destruindo, mas apreendendo-o no que é" (Idem, ibidem, op. cit.). Uma crítica permanente sobre tudo o que fazemos inicia a tarefa de teorizar a "possibilidade de não mais ser, fazer ou pensar o que somos, fazemos ou pensamos" (Idem, ibidem, op. cit.). Praticar a recusa é confrontar, sem substituir, o universal, o necessário e o público com o particular, o contingente e o pessoal.

A abordagem histórico-cultural da Educação

Devido à complexidade do tema e subjetividade com que pode ser tratado, o objeto de estudo torna-se passível de diversas abordagens. Em situações práticas, seja para pesquisa, seja na lida do dia a dia, a abordagem adotada determina substancialmente a forma de compreensão e enfrentamento da disciplina e da indisciplina em meios escolares. Refletir sobre este tema, implica refletir sobre variados problemas.

A reflexão sobre a (in)disciplina segundo a concepção histórico-cultural é gerada com base nas maneiras como as relações se estabelecem nos arquétipos sociais desenhados pela cultura. Por cultura entendemos, como em Geertz (1989, p. 34):

> Padrão historicamente transmitido, de significados incorporados em símbolos, um sistema de concepções herdadas, expressas em formas simbólicas, por meio das quais os homens se comunicam,

perpetuam e desenvolvem seu conhecimento e atitudes a cerca da vida.

As "velhas" teorias psicológicas já não dão mais, por si só, conta desse entendimento face às perplexidades do mundo contemporâneo. Nesse campo, a indisciplina escolar sempre foi tratada como expressões de conflitos, erros, inadequações, perturbações emocionais, dependências orgânicas ou sociais, defasagens de aprendizagens, incompreensões, enfim, dificuldades de diversas ordens a serem observadas e tratadas para sua superação. As teorias que circundam a perspectiva histórico-cultural oscilam entre várias áreas do conhecimento, pois ainda é um objeto em construção. Nem mesmo há autores que se dedicaram exclusivamente a embarcar nesta aventura, intitulando-se exclusivamente desta área. Isso acaba deixando as reflexões ora muito curiosas, ora ainda muito divergidas, mas de grande valia para auxiliar no exame de condições de fenômenos "imediatos" da sociedade contemporânea de indivíduos – em cujos processos dinâmicos e contraditórios - com os quais nos defrontamos imersos em contextos históricos e culturais, estão em constante ebulição.

A abordagem histórico-cultural da educação tem suas bases epistemológicas no materialismo histórico e dialético de Marx e Engels. Essa teoria parte do princípio de que o indivíduo é um ser biológico e social e que se desenvolve em atuação num processo histórico. Por meio do processo de mediação, os sistemas simbólicos mediatizam o sujeito com o mundo. Nessa perspectiva, a autonomia do sujeito estrutura-se em função da formação de conceitos e valores internalizados da cultura, sendo produto da ação educativa entre sujeitos e gerações (ROURE, 2001).

Vigotski (1896-1934)[6] torna-se o principal articulador dessas ideias quando propõe investigações para compreender o psiquismo humano em contextos histórico-culturais. Suas teorias fornecem pistas de cujos elementos fazem entender o humano enquanto fenômeno complexo constituído nas relações sociais. Nessa perspectiva,

---

6. Vigotski, Vygotsky e Vygotski são grafias possíveis. O nome com utilização de "y" foi muito utilizada em textos traduzidos do russo para o inglês americano, e com "i" é muito encontrado em traduções dos textos que foram traduzidos do russo para o espanhol, como se observa na obra VYGOTSKI, Lev S. Obras escogidas. Tomo I. Madrid: Visor Aprendizaje/Ministerio de Educación y Ciencia.

> O homem biológico transforma-se em social por meio de um processo de internalização de atividades, comportamentos e signos culturalmente desenvolvidos (OLIVEIRA, 1993, p. 103).

A interação com o meio, compreendido como espaço físico e social, possibilita que o indivíduo construa e internalize modelos de ações e comportamentos culturalmente aceitos pela sociedade em que vive, grupo social a que pertence ou até mesmo "ambiente provisório momentâneo", – por exemplo, as pessoas se adaptam momentaneamente a situações por questões de sobrevivência ou por sensação de pertencimento; por exemplo, há pessoas que se aconchegam num ponto de ônibus para se safar de uma chuva, ou puxa papo com um estranho enquanto espera um ônibus. Referindo-se à especificidade dessa perspectiva teórica, Duarte (1999) menciona que "[...] somente uma psicologia *marxista* poderia abordar de forma plenamente historicisadora o psiquismo humano" (p. 84). Segundo ele, duas questões tornam-se fundamentais para esclarecer as proposições da abordagem histórico-cultural: a primeira refere-se à importância atribuída à apropriação, pelo indivíduo, da experiência histórico-social, dos conhecimentos produzidos historicamente e já existentes objetivamente no mundo no qual o indivíduo vive; a segunda é a de que essa abordagem considera os processos de aprendizado de comportamento instalados nos indivíduos, mediados pelo sistema simbólico representativo na cultura como imagem-padrão a ser seguido. Para Vigotski (1995; 2001), essas experiências sociais, históricas e culturais são condicionantes definitivos na formação do psiquismo humano.

Essa abordagem – na tentativa de não cair no psicologismo – ao mesmo tempo em que se apropria de alguns elementos do campo da psicologia refuta outros. Não porque não tenha pernas próprias, mas porque é científico que o ser humano é formado por um psiquismo. Por ser formado por um psiquismo, torna-se irrefutável constatar que os comandos psicológicos comandam os comportamentos. Mas não de maneira fechada como uma lógica matemática em que dois mais dois são quatro e pronto, mas de uma maneira aberta em que todas as variáveis são possíveis, pois elas dependem das experiências pessoais dos indivíduos somadas às experiências de cultura constituintes de sua historicidade.

Os pesquisadores norte-americanos Cole e Scribner, atuantes no que diz respeito aos estudos publicados acerca da teoria sócio-cultural e organizadores de uma coletânea de artigos de Vigotski publicada no Brasil, intitulado *A formação Social da mente: o desenvolvimento dos processos psicológicos superior* e que em 2000 atingiu sua sexta edição, notificaram em introdução desse manual que a relevância de Vigotski como pioneiro nos estudos históricos culturais se dá pelo fato de ter sido pioneiro na construção de críticas, com a aplicação do materialismo histórico e dialético, à ciência do comportamento, tidas até então como paradigmáticas acerca dos processos psicológicos humanos. À informação da psicologia de que as funções psicológicas são um produto da atividade cerebral, foi acrescentado o item cultura, até então desmerecido como principal condicionante nesse processo (p. 8).

Para dizer isso, Vigotski teve como base as teorias de Marx, cuja principal premissa formula a ideia de que as mudanças históricas na sociedade e na vida material produzem mudanças na natureza humana, ou seja, na consciência e no comportamento (p. 9). O corpo (matéria) mantém uma relação dialética com os processos mentais (o psicológico e o social). Para ele, se os processos psicológicos superiores (comportamento, consciência pessoal) surgem e sofrem transformação na interação social, isto é, ao longo do desenvolvimento e do aprendizado, eles somente podem ser compreendidos satisfatoriamente se forem levados em consideração os fatos ligados à história de um sujeito (historicidade), que é variante de acordo com os processos culturais a que tenha sido o indivíduo submetido. As transformações comportamentais advindas da cultura são formadas por meio de internalizações dos sistemas de signos produzidos culturalmente. Essa taxionomia passou a comprovar que as diferentes formas culturais de comportamento – que são mediatizadas por sistemas simbólicos (internalização) – são instaladas ao longo de todo processo vital e não apenas em fases iniciais de vida, por exemplo.

As pioneiras comprovações dessa perspectiva surgem em meio a várias refutações.

A primeira delas refere-se à posição contrária à compreensão de que é suficiente aplicar princípios da psicologia animal (influenciado pelo darwinismo que uniu num sistema conceitual único a ideia de continuidade evolutiva de humanos e animais) a humanos, particularmente àqueles que combinam mecanicamente as leis do gênero estímulo-resposta (p. 7). Outra refutação que para Cole e Scribner (2000) teria sido devastadora diz respeito às

> teorias que afirmam que as propriedades das funções intelectuais do adulto são resultado unicamente da maturação, ou, em outras palavras, estão de alguma maneira pré-formadas na criança, esperando simplesmente a oportunidade de se manifestarem (Idem, ibidem, op. cit., p. 8).

Refutações como essas rechacem o paradigma evolucionista e colocam em evidência elementos culturais em cujo processo psicogenético de evolução se inserem as raízes epistemológicas da perspectiva histórica cultural. Essa proposta não compartilha a ideia de que o desenvolvimento do psiquismo humano ocorre por meio de estágios estanques e definitivos alocados em compartimentos; sendo os desvios desses estágios os únicos e exclusivos responsáveis por todo tipo de comportamento, negligenciando-se as influências externas favorecidas pelas malhas culturais determinantes na vida do indivíduo.

Dessa forma, o estágio infantil, fase única e exclusiva do desenvolvimento pré-operacional e operacional do desenvolvimento cognitivo (Piaget), não seria latente somente na infância, mas em toda vida. Novas suscetibilidades de "agir-se como na infância" é ativada quando o indivíduo se depara com novas situações, encaradas como experiências novas, e é forçado a "se virar" para solucionar problemas, ativando as chamadas zonas de conflitos. Ao se deparar com situações desconhecidas em que involuntariamente o sujeito é posto à prova em resolver situações, o conflito e a tensão o fazem improvisar ações de desembaraço, modificando ativamente a situação estimuladora como formas de intervenções a seu favor em busca da solução do problema. As situações-problema, assim, tornam-se condições imprescindíveis para a aprendizagem. A cada experiência nova, o sujeito se intromete em um novo estágio (infantil), suscetível de busca de novos significados e ressignificações para seu desenvolvimento e desempenho enquanto sujeito. Tais situações constituem situações otimizadas de aprendizagem, pois, para Vigotski, o aprendizado tornase mais significativo quando se adianta ao desenvolvimento. Nesse processo, o forçamento de situações-problema, uma realidade próxima (possível), mas longe da capacidade pessoal de quem o faz, torna-a de domínio real.

Sobre a apropriação da experiência sócio-histórica do desenvolvimento do psiquismo do indivíduo, Lúria (1979) contribui sistematicamente com a abordagem interacionista, quando acrescenta que diferentemente do animal irracional, a atividade consciente do humano o faz dotado de outra fonte: o poder de produção e centrifugação de conhecimentos e habilidades por meio da *assimilação* da experiência acumulada no processo da história social que se dão nos processos de interação e que se articulam consciente ou inconscientemente (p. 73).

Bases das teorias piagetianas também comungam dessas ideias interacionistas, quando já havia dito que o desenvolvimento psíquico de cada indivíduo envolve uma construção permanente do sujeito na sua interação com o meio físico e social. A permanente atuação com o meio desenvolveria estruturas até então não plásticas no indivíduo, mas transformariam as operações cognitivas em experiência psíquica, logo em conhecimentos estruturados. No entanto, essa asserção somente era interpretada como proposta do pensamento luriano quando se referia ao desenvolvimento cognitivo por meio da interação com o meio num processo de adaptação. A adaptação ao meio na luta pela sobrevivência traria assimilação e desencadeamento de outros mecanismos mentais; assim, desenvolvimento cognitivo também seria resultado da interação social. O fator equilibração que caracteriza toda a obra piagetiana preconiza a necessidade de se unir fatores internos como a maturação biológica com fatores externos como a adequação ao meio ambiente. Essa necessidade biológica faria o sujeito agir em constante interação com o meio em que vive inclusive seus semelhantes caracterizados por equilíbrios e desequilíbrios.

Para Piaget, o período das operações formais torna o sujeito em perfeito desequilíbrio; pois esta fase não lhe apresenta o real apenas como uma das possibilidades, mas a considera como a possível extensão do real. Essas experiências colocam em choque teorias behavioristas que partiam do princípio apenas – no plano biológico, de dentro pra fora – das fases de desenvolvimento para a aprendizagem, sem levar em conta os contextos – de fora pra dentro – em que os aprendizes estão envolvidos, nem muito menos as formas em que eles podem desenvolver seus aprendizados, por exemplo. Dessa concepção surgiram teorias de enfoque funcionalista, cuja aplicação na aprendizagem dizia, por exemplo, que carpinteiros, ferreiros e mecânicos com experiência escolar limitada não apresentariam pensamento formal em tarefas escolares, mas poderiam raciocinar formalmente em tarefas relacionadas às suas profissões; por isso a educação escolar para essas pessoas deveria avaliar, por exemplo, habilidades formais, não atingindo habilidades que envolveriam competências racionais em suas profissões. Ou até mesmo admitia-se que formalmente o conhecimento produzido com a experiência não fazia parte de um processo educativo de conhecimento sistematizado, ou que seria secundário num processo de civilização. O ramo escolar, dessa forma, tornaria um ramo específico, uma arte, técnica formalizada, cuja produção do conhecimento seria um eufemismo, tornando as práticas escolares nada mais que a reelaboração do conhecimento em seu nível metalinguístico.

A perspectiva histórica cultural entende a educação escolar como fonte primeira de experiência contactual com o conhecimento formal. Conhecimento, aqui, utilizado em seu sentido *latu sensu* – sem levar a cabo a profundidade que a reflexão gnosiológica exige (o conhecimento de acordo com o racionalismo de Descartes, o empirismo de Lock, o apriorismo de Kant e suas consequentes correntes como o dogmatismo, o ceticismo, o criticismo, por exemplo). O conhecimento para essa corrente de pensamento compreende o que é produzido de acordo com a experiência observável e transformadora, enquanto que o conhecimento na atividade escolar corresponde à produção sistematizada do conhecimento científico. A abordagem histórica-cultural da educação, a partir de Vigotski, entende que o conhecimento é produzido material e historicamente. Não é da metafísica idealista cartesiana, porém racional. Entende-se, assim, que as situações práticas também, e principalmente, favorecem à aprendizagens. Dessa forma, depreende-se que a teoria piagetiana não constituiu um estudo completo e acabado. Suas experiências eram feitas em laboratório e não em situações reais de vida. O próprio Piaget, em 1972, questionou seus métodos em relação às condições e contextos em que foram realizados. Pesquisas (como as de Donaldson, 1978; McGarrigle & Donaldson, 1974, entre outras) mostram que o contexto e a interação social parecem ter um papel mais importante na emergência de habilidades cognitivas do que aquele dado por Piaget. Crianças que falham nas tarefas tradicionais piagetianas de conservação, inclusão de classe ou tomada de perspectiva, demonstram raciocínio lógico em tarefas similares quando as mesmas perguntas são significativas e feitas em modos mais naturais para elas. Jovens resolvem problemas lógico-matemáticos em situações reais no trabalho, mas não os conseguem resolvê-los em situações escolares (NUNES, SCHLIEMANN & CARRAHER, 1993) e vice-versa. A não resolução de uma tarefa pelo indivíduo não indica ausência de raciocínio lógico, mas sim ausência de situações significativas para resolvê-la (SCRIBNER, 1986). No entanto, é a partir da concepção sobre o trabalho humano e o uso de instrumentos como meios pelos quais o indivíduo faz intervenções e passa a ser sujeito de seu próprio desenvolvimento, ao ampliar possibilidades de transformar, que se assenta a estrutura teórica marxista (COLE & SCRIBNER, 1998).

Vigotski (1995b) considera que as relações do homem com o mundo são fundamentalmente mediadas a partir da existência de dois conjuntos de elementos: os instrumentos e os signos, sendo os primeiros externos e voltados para os objetos, ao passo que os segundos são internos e orientados para o próprio sujeito. Os processos de mediação sofrem transformações no percurso de vida de cada indivíduo. Cada vez que este se expõe a novas experiências, novas formas de significação são reaprendidas. O contato do ser social com o aparato biológico torna o indivíduo um ser histórico, permeado de ilustrações de acordo com os significados culturalmente internalizados. A partir dessa concepção, será possível para o indivíduo atribuir significados às suas próprias ações e desenvolver processos psicológicos internos que podem ser interpretados por ele próprio com base nos mecanismos estabelecidos pelo grupo cultural e compreendidos por meio dos códigos compartilhados pelos membros do grupo a que pertence.

A interação mundo social e mundo subjetivo torna os substratos culturais normatizados para cada sujeito em seu mundo sócio-histórico-cultural. O processo pelo qual o indivíduo internaliza os elementos fornecidos pela cultura não é de absorção passiva, mas de transformação, de síntese (VIGOTSKI, 1995). O processo mental que outrora teria sido exigido processá-lo é antes de tudo engendrado no nível externo. E

> [...] quando dizemos que um processo é externo queremos dizer que é social. Toda função psíquica superior foi externa por ter sido social, antes que interna (VIGOTSKI , 1995, p. 150).

O desenvolvimento das funções da linguagem, por exemplo, funcionam em constante relação de mutação entre significante e significado. Ao se comunicar com um ser em processo biológico evolutivo (a criança, por exemplo), o adulto utiliza o objeto funcionalmente; só depois a palavra terá sentido para ele, portanto "[...] o significado da palavra existe antes objetivamente para os outros e tão somente depois começa a existir para a própria criança." (VIGOTSKI, 1995, p. 150). Para ele, a linguagem é a mais elevada forma de ação do desenvolvimento humano, pois esta, enquanto formas fundamentais de comunicação verbal, é mais suscetível a processos de internalização, pois,

> [...] todas as formas fundamentais de comunicação verbal do adulto com a criança se convertem mais tarde em funções psíquicas (VIGOTSKI, 1995, p. 150).

De acordo com os postulados de Vigotski, a atividade intelectual é condição *cine qua non* no processo de civilidade ou de civilização das gerações. A intervenção social realizada por cada indivíduo – seja de modo consciente, seja de modo inconsciente – submete o funcionamento psíquico (interior, mental) a processos em constante mutação de elaboração, construção e ressignificação dos signos produzidos culturalmente e exteriorizados por meio da linguagem. A vida forma a consciência, a consciência gera o pensamento e o pensamento produz a linguagem. Pelo instrumento linguagem, mais precisamente por meio da palavra – signo verbal por excelência das funções psíquicas superiores –, o indivíduo constrói sua história e atua sobre ela, desenvolvendo e aperfeiçoando sua autonomia.

Nessa perspectiva,

> [...] a autonomia se estrutura em função da formação de conceitos e valores internalizados da cultura, sendo produto da ação educativa entre sujeitos e gerações (ROURE, 2001).

Sobre os processos conscientes de mediação, Vigotski (2001) assim se pronuncia: "[...] o que o ser em formação é capaz de fazer hoje em colaboração será capaz de fazê-lo por si mesma amanhã [...] A instrução é possível onde cabe a imitação [...]" (p. 241-242). Estabelecendo-se aí a ideia de mediação. É por meio da internalização de convenções culturais ocorridas no processo de desenvolvimento na interação do indivíduo com o meio, desenvolvendo atividades psicológicas mais sofisticadas e complexas, denominadas funções psíquicas superiores (VIGOTSKI, 1995). São essas funções desenvolvidas nas relações sociais e engendradas pelos signos culturais que fornecem substratos para o controle consciente do comportamento, à ação intencional e à liberdade do indivíduo. Por isso que de acordo com a abordagem histórica cultural, as origens das funções complexas ativadoras dos processos psicológicos superiores devem ser verificadas nas relações sociais em que o indivíduo se constrói historicamente. Ou seja, o fundamento do psiquismo humano é tipicamente histórico-cultural (VIGOTSKI, 1995; 2001).

CAPÍTULO II

Contextualização da pesquisa

Metodologia da pesquisa

> Se quer saber quanto uma pessoa pesa, use uma escala [...]. Se quer entender o que o peso significa para ela [...] precisa questioná-la, descobrir as suas experiências e ouvir as suas histórias (Patton, 2002, p. 13).

Nos últimos anos, muitos questionamentos têm sido feitos sobre a natureza dos conhecimentos produzidos no campo das ciências humanas e sobre os pressupostos dos métodos e técnicas utilizados. De acordo com Alves-Mazotti (2001, p. 48), a aplicabilidade dos conhecimentos na área da educação depende do desenvolvimento de teorias próprias, da seleção adequada de procedimentos e instrumentos, da análise interpretativa dos dados, de sua organização em padrões significativos, da comunicação precisa dos resultados e conclusões e da sua validação pela análise crítica da comunidade científica. Para ele, a opção metodológica constitui-se como questão central na construção da pesquisa científica, uma vez que o bom delineamento dos caminhos de investigação favorece o trabalho do pesquisador, embora não seja possível prever segurança absoluta na trajetória da pesquisa.

Alves-Mazotti (2001) salienta que tal dinâmica, muitas vezes, sinaliza que a pesquisa tome outros rumos, ou até mesmo se extinga, caso se comprove que os dados tidos como hipóteses não passam de uma fantasia. Isso não significa que o pesquisador possa "fingir" dados ou até mesmo articulá-los tendenciosamente, mas isto é possível quando após levantamento teórico e prático tais assertivas não se configurem como reais, logo não científicas. Dessa maneira, esta pesquisa iniciou-se do tipo qualitativa e, à medida que os fatos observados e analisados foram se fundamentando, foi necessário tomar uma postura quantitativa.

Segundo Camacho (2000), a escolha metodológica é um importante passo para a realização de uma pesquisa de qualidade. Para ele, "ao se realizar uma pesquisa, não basta aceitar uma técnica. É impositiva uma opção metodológica, entendendo-se que todo método implica uma teoria" (p. 46). Dessa forma, definimos como estratégia de trabalho, para a realização da pesquisa, de tipo qualitativo-descritiva de acordo, o modelo hipotético-dedutivo. Esse modelo nos assegurou metodologicamente a realização de pesquisa do tipo quanti-qualitativa com leitura etnográfica de acordo com a abordagem – como o próprio título sugere – histórico-cultural.

Para Johnson (1995), o método hipotético dedutivo é um tipo de pesquisa que começa com uma teoria de como as coisas funcionam e dela deriva hipóteses que podem ser submetidas a teste. Trata-se de uma forma de raciocínio dedutivo, no sentido em que começa com princípios, pressupostos e ideias gerais, trabalhando-se a partir deles, para enunciados mais particulares sobre o que o mundo parece ser e como de fato funciona. As hipóteses são em seguida submetidas a testes, reunindo-se e analisando-se dados, e paulatinamente a teoria é confirmada ou refutada pelos resultados. Para ele, "o processo de pesquisa é uma mistura de observação concreta e especulação teórica" (p. 147). Dessa forma, o processo de pesquisa é dinâmico e combina raciocínio dedutivo – que passa de ideias gerais para observações específicas –, com raciocínio indutivo – que se inicia pelas observações e, baseadas nelas, passa a formar afirmações (teorias) generalizantes.

A pesquisa apresentada neste livro desenvolveu-se a partir de observações diretas da realidade escolar, que se iniciou em 2005 – quando o fato de se averiguar o que potencializaria a indisciplina em meio escolar já tinha se tornado uma questão que interessava a mim – tornando-se pesquisa efetivamente nos anos de 2011 a 2013. Por isso, ela se constituiu em três fases: a primeira, a detecção do problema; a segunda, análise direta dos fatos e formulação de hipóteses a serem configuradas em amostras a partir de engendramentos dos sujeitos em questão.

Inicialmente nesta pesquisa somente havia a intenção de analisar a disciplina e a indisciplina em contextos de manifestação em sala de aula. No entanto, detectamos logo que os trabalhos começaram que seria impossível analisar uma célula sem levar em consideração o estado do corpo. Diante disso, detectou-se que os contextos pedagógicos atuais revelavam grande heterogeneidade social, econômica e cultural, o que exigiam respostas epistemológicas diversificadas.

As situações de contexto escolar nos fornecem pistas de como as relações se desenrolam ajustadas do cotidiano, ora de maneira ordenada, ora desordenada. Os condicionantes de ajustes do funcionamento da sala de aula reflete este convívio, norteando, involuntariamente os processos ensino-aprendizagem. A opção em desenvolver a pesquisa com base na observações diretas dos registros obtidos no contato direto com os indivíduos do *locus* de estudo se ampara na asserção de que a melhor forma de averiguar fatos é o registro. O registro do que observamos e detectamos – ainda que não livres da subjetividade – é a maneira mais eficaz de se fazer uma análise daquilo que se quer averiguar. Sem o registro, em suas condições reais de produção, corre-se o risco de apenas se tornar em um "ouvir dizer", elocuções próprias do senso comum, frequentemente maquiadas de preconceitos, formulações incompletas e repletas de cargas ideológicas dos representantes de um poder sustentado. O trabalho com base nos registros cria condições de se conhecer melhor as práticas educativas do ambiente estudado, permitindo assim, com mais clareza, as formulações das hipóteses.

A pesquisa apresentada neste livro foi realizada com base em observações diretas. Análises reais de situações-problemas, tanto em sala de aula quanto em outros ambientes escolares, constituindo valiosos documentos para a reflexão, análise e redimensionamento de ações realizadas no contexto locativo, servindo-se de reestruturação para o trabalho pesquisado. A cada observação registrada buscava-se mais informações e os diferentes contextos em que ocorriam exigiam diferentes pesquisas para a fundamentação teórica de cada dado; o que tornaria do registro, a fonte ideal de ajustes entre hipóteses, refutações e comprovações.

A complexidade do objeto que se arranja nos processos de articulação de manifestação de disciplina e indisciplina são as várias possibilidades que se há em abordar tal temática, tornando-se a abordagem histórico-cultural a mais apropriada, uma vez que permite ao pesquisador se infiltrar em diversas linhas teóricas. Tal procedimento tornou-se muito produtivo, na medida em que cada elemento detectado no cotidiano escolar pode assim ser averiguado – sempre numa adequação teoria e prática – contribuindo, dessa forma, para a compreensão da problemática.

Historicidade da comunidade escolar

A comunidade escolar onde foi realizada a pesquisa localiza-se na região noroeste da cidade de São Paulo, conta com 70.689 habitantes e faz divisa ao norte e a leste com os municípios de Caieiras, Cajamar, Santana de Parnaíba e Barueri; ao sul com o distrito de Jaraguá e a oeste com o distrito Anhanguera[7].

Antiga cabine de controle

De formação de uma pequena vila - a Vila dos Perus - criou-se e desenvolveu-se em meio às vias cruzadas de transportes rodoviários (rodovias estaduais Anhanguera e Bandeirantes) e ferroviários (estradas de ferro Santos-Jundiaí e Perus-Pirapora, esta última tombada pelo patrimônio histórico e desativada em 1983).

7. SÃO PAULO (município). Secretaria do trabalho, desenvolvimento e solidariedade. Desigualdade em São Paulo: o IDH. Disponível em: www.prefeitura.sp.gov.br. Acesso em: 24 dez. 2009.

Perus: de pequena vila a Distrito Industrial

Nelson Aparecido Bueno de Camargo

A história do bairro remonta à época dos tropeiros, que no século XIX utilizavam o local para pouso durante o percurso que faziam entre Santos e Jundiaí para o transporte de mercadorias. Muitos moradores perpetuam a história de que o nome do bairro foi dado por causa de Sinhá Maria dos Perus, que criava perus em seu sítio, onde os tropeiros faziam pouso.

Nessa época, a região era também parada de tropas de soldados e foi ocupada por enormes fazendas de capitães da Guarda, responsáveis pela defesa do Caminho do Mar até o Porto de Santos.

Praça Ignácio Dias em construção

Nelson Aparecido Bueno de Camargo

Estação de trem em 1898

Nelson Aparecido Bueno de Camargo

Pequenos estabelecimentos comerciais despontaram a partir de 1867, quando ocorreu a inauguração da ferrovia São Paulo Railway, mais conhecida por Estrada de Ferro Santos-Jundiaí, operada pela Companhia Paulista de Trens Metropolitanos – transporte de passageiros – e por uma empresa de transporte de cargas.

Rua Crispim do Amaral

Nelson Aparecido Bueno de Camargo

A estrada representou o início do desenvolvimento econômico da região, com a instalação de fábricas e pequenos comércios e com o povoamento do bairro. Muitas das primeiras famílias que chegaram, como as dos brasileiros Jesuíno Afonso de Camargo e Edwiges Dias e dos imigrantes italianos Di Sandro e Peccicacco, são ainda lembradas nas placas de muitas ruas locais.

Nelson Aparecido Bueno de Camargo

A estória da comunidade tem sua origem em narrativas orais e relatos feitos por quem acompanhou a formação e crescimento do lugarejo, como o Senhor Jovino Bartolomeu, um dos moradores mais antigos e presidente da Sociedade Amigos do Distrito de Perus (Sadip), relatado em muitas entrevistas de pesquisadores que tiveram interesse em estudar o lugar. Um dos relatos do Sr. Jovino menciona o lugarejo como um "palco de luta", que iniciara com as greves dos operários da fábrica de cimento em protesto às condições de trabalho, principalmente contra a emissão de pó de cimento expelido ao ar. Luta que depois é continuada para obtenção de terra e que gerou um movimento popular de luta a favor de terra para a construção de moradias dos habitantes do novo bairro do recanto. Sobre as greves ocorridas no início da formação do lugarejo, esse antigo morador enfatiza que havia dois grupos, o "dos Pelegos, que eram os que furavam a greve, e a dos Queixadas, era os que brigavam. Em 10 anos de sucessivas greves, até irmão ficou contra irmão", relata.

Vagão com suástica

Nelson Aparecido Bueno de Camargo

Atualmente faz parte da região onde está situada a comunidade estudada mais de 45 bairros, chamados também de Vilas. As vilas apresentam histórias comuns à história dos bairros que formam o distrito. A formação da maioria deles foi realizada com lutas para se conseguir fazer os loteamentos sempre com o apoio das associações de sem-terra formada por meio de parcerias. Essa associação tinha como lema a democratização de assentamentos de trabalhadores sem propriedade de terras para a construção de casas. Algumas vilas eram formadas por lotes demarcados para os chegantes e pagos em faturas mensais, geralmente coordenados por representação de lideranças políticas e partidárias ou religiosas.

Avenida Dr. Sílvio de Campos

Nelson Aparecido Bueno de Camargo

O condicionante religioso é outro aspecto sócio-histórico detectado nessa comunidade. A presença religiosa nesse distrito é fortemente marcado pelos pentecostais, que chegam ao montante de 20,9%. Nenhum dos distritos ou municípios próximos a Perus apresenta índices de presença pentecostal maior que 18%. Desta forma, Perus ganha destaque em sua composição religiosa, mesmo entre os distritos vizinhos da periferia de São Paulo. Segundo a pesquisa Economia das Religiões, desenvolvida pela Fundação Getúlio Vargas[8] esta comunidade é o terceiro distrito com maior número de pentecostais em São Paulo, perdendo apenas para Lajeado e Cidade Tiradentes. Dos dez primeiros distritos do *ranking*, o bairro estudado é o único não situado na Zona Leste. Neste bairro, onde 20,9% da população declaram-se pentecostais, o índice é quase o dobro daquele apresentado na média geral do município (11,9%). Os números do Censo 2000 mostram o seguinte perfil religioso do bairro: Católicos 63,2%, Evangélicos de Missão 2,64%, Evangélicos Pentecostais 20,9%, Sem religião 10,1%, Espíritas 0,5% Umbanda e Candomblé

8. ECONOMIA DAS RELIGIÕES. São Paulo: Fundação Getulio Vargas. Disponível em: http://www4.fgv.br/cps/simulador/site_religioes2/. Acesso em: 20 dez. 2009.

0,4%, Religiões orientais 0,1%, outras religiosidades 0,9%, não determinada 0,4%.

As igrejas pentecostais mais conhecidas na comunidade são: Assembleia de Deus, Congregação Cristã do Brasil, O Brasil para Cristo, Evangelho Quadrangular, Universal do Reino de Deus, Renascer em Cristo, Paz e Vida, Internacional da Graça e Avivamento Bíblico e a Igreja Presbiteriana. Há também igrejas pentecostais com outras denominações: Avivamento da Fé, O poder da Oração, Eclésia, O Modelo das Armaduras de Deus, Poder e Maravilhas de Jesus, Emanuel, Trindade Santa, Javé Nissei, Coluna de Deus, Adventista da Promessa, Fonte de Vida, Igreja de Jesus Cristo dos últimos dias, Colunas da Verdade, Senhor dos Exércitos Independente, Igreja de Jesus, Maior é o Poder de Deus, Cristã Maranata, Nova Vida na Graça de Deus, Vale do Deus Altíssimo, Renovação da Fé, As Sete Palavras da Cruz, Monte Sinai, Evangelho Ágape, O Resgate de Israel, Comunidade Evangélica Casa de Oração, Comunidade Comunhão e Graça, Nova Vida em Deus, Nova Aliança, Unidos em Cristo, Igreja de Deus no Brasil, Comunidade do Povo Livre, Igreja Evangélica do Jardim da Conquista, União da Vitória, Eterna Aliança em Cristo, Família de Deus, Evangelho Pleno em Cristo, Jesus é Meu Mestre, Anjos de Betel, Seara do Senhor, Fonte do Avivamento e Verbo de Deus. Em sua maioria, essas igrejas mantêm pequenos salões onde realizam seus cultos, algumas funcionam em garagens que se transformam em templos durante as celebrações. Algumas possuem pequenos templos. Outras, no entanto, como a Igreja do Evangelho Ágape e Trindade Santa, mantêm grandes salões de culto (FAJARDO, 2010, p. 94).

A localização do distrito entre rodovias e um complexo de empresas do ramo logística e fabril fez o distrito crescer aceleradamente, como vemos no gráfico.

Gráfico 1 - Evolução demográfica do distrito na comunidade estudada[9]

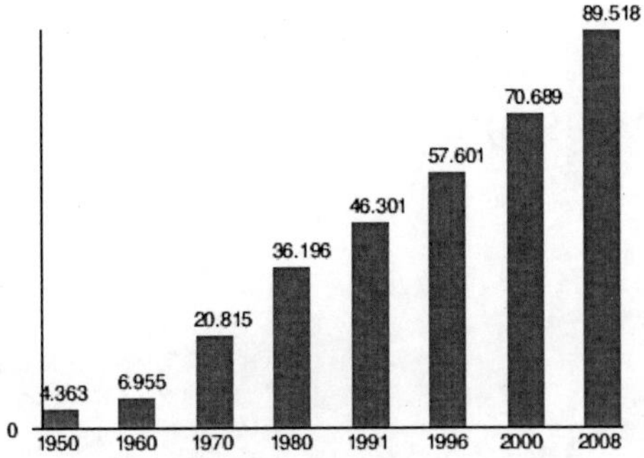

O crescimento populacional desordenado e os processos de migração, principalmente da Região Norte/Nordeste, desenharam um novo cenário social na região distrital, formando novos estratos sociais. Grosso modo, eles estão divididos em dois: os pequenos comerciantes e os trabalhadores, em sua grande maioria operária. A comunidade não apresenta efervescência cultural e nos últimos anos tem sido tratado como "bairro dormitório". O nome refere-se ao cotidiano dos moradores ou apenas o que os transeuntes simulam: todos os dias repetem as cenas. Descem do trem, "cavalgam" pelas ruas às pressas, [...] dormem, [...] no outro dia regressam aos trabalhos como "tropas". A luta pela sobrevivência e os horários rígidos de trabalhos implicam-lhes rigidez, tornando-os afanados ao trabalho e caracterizados por uma disciplina (ainda que tênue) objetivamente contra o tempo, já que dos esforços próprios dependerão para as melhorias de condições de vida.

9. Disponível em: http:www.wikipedia.org/pt.wikipedia.org/wiki/Zona_Norte_ de_ São_Paulo. Confeccionada de acordo com Levantamento Censitário do Município de São Paulo, Subprefeituras e Distritos Municipais dos anos 1950, 1960, 1970, 1980, 1991 e 2000. Publicado em *Histórico Demográfico do Município de São Paulo.*

A fila do pão (1938-1942)

Nelson Aparecido Bueno de Camargo

Paradoxalmente a comunidade apresenta alto índice de criminalidade, o que faz também, no lugar, instaurar-se a cultura do medo. O poder público não lhes inspira confiança. Sobre a presença do Estado, os indivíduos da comunidade concebem-na como vagarosa e injusta. Sentem-se órfãos de tal poder. Sentem-se órfãos de uma cultura civilizacional organizada pressuposta de uma sociedade de 'estado de direito' e bem-estar social não gerida na salvaguarda de milícias e comandos dominados por poderes paralelos.

João José Abdala, proprietário da Fábrica de Cimento Perus
(em sentido anti-horário, o terceiro da direita para esquerda)

Nelson Aparecido Bueno de Camargo

O *locus* escolar e a experiência vivida[10]

O princípio constitucional de educação enquanto direito de todos configura-se em políticas públicas e gestão democrática da educação materializada em princípios liberais básicos de liberdade, igualdade de oportunidades e a garantia do individualismo. É em tal contexto que se insere o sistema de ensino que rege o *locus* escolar estudado. Do sistema estadual de ensino, a unidade escolar, localiza-se em região metropolitana da cidade de São Paulo. Construída numa área de 14 mil metros quadrados, a escola funciona nas dependências dos prédios com 8.500 metros quadrados. Composta de 37 salas, funciona nos três períodos diários, em todas as modalidades e níveis de ensino, exceto o curso técnico. Quadro docente formado por 137 professores, todos com formação superior, inclusive os professores de educação infantil, 42% possuem pós-graduação, 17% dos docentes possuem mestrado

10. Um dos pontos culminantes da experiência vivida: vídeo registra manifestações públicas pedindo "A Volta da Diretora Escolar". Disponível em:http://www.youtube.com/watch?v=uSM75CQhVdY=protesto;www.tvanperus.blog spot.com.

completo ou em andamento e um professor é aluno do doutorado; três professores fizeram doutorado e se exoneraram da rede para ingresso em universidades federais. A gestão escolar é formada por um diretor geral, três assistentes e quatro coordenadores pedagógicos. Os serviços de apoio educacional da escola (como em toda rede de ensino do estado) não contam com profissionais da área de serviço social e da psicologia. A escola funciona de acordo com o sistema de Ensino da Secretaria de Educação do Estado de São Paulo que admite professores mediadores – para os quais não há formação específica nem devem necessariamente ter cursado psicologia, psicopedagogia, ou áreas afins – para a resolução de problemas, em casos de conflitos entre seus pares.

Os alunos analisados são da comunidade escolar, onde moram, estudam – e como a grande maioria dos jovens da região periférica da cidade de São Paulo – terminam o ensino médio e se dedicam ao trabalho. Nos últimos anos, com a ampliação de oportunidades às classes menos favorecidas de recursos econômicos, alguns alunos do ensino médio geralmente passaram a frequentar dois cursos, o ensino médio regular e, paralelamente, um curso profissionalizante oferecido em outras escolas públicas de ensino técnico. Após o ensino médio, esses alunos são caracterizados por abandonarem a carreira acadêmica e se dedicarem ao trabalho; outros, em pequena minoria, cursam faculdades, geralmente particulares, com bolsas de estudos do Governo Federal.

No período em que fora objeto de observação – 2005 a 2013 –, o *locus* escolar passou por dois processos de gestão escolar distintos. O primeiro, iniciado em 2003 a 2011, com características peculiares da administração tecnicista, exercia um disciplinamento interpretado como rígido; foi implantada uma forma controlada de disciplinarização na escola caracterizada pela vigilância interna e coerção. Inicialmente, esse modo de gestão sofria enfrentamento explícitos e pavorosa resistência por parte da comunidade escolar; enquanto que ao final do período, recebia grande apoio e incentivo da mesma. A partir de 2011, após afastamento da diretora escolar, indicou-se outro estilo de gestão. Este outro processo de gestão (2011 a 2013) teria iniciado seu trabalho de educação escolar sob a proposta de gestão democrática, interpretado inicialmente como de afrouxamento, ou seja, o oposto do anterior.

Para a primeira fase de gestão escolar (2003-2011), teria sido muito difícil a implantação do método de disciplinamento, já que a experiência anterior teria sido marcada pela inobservância e pouco acompanhamento pedagógico, tanto com os trabalhos dos professores quanto ao estudo dos alunos. Por isso, um dos grandes problemas da escola era fazer com que os alunos entrassem na sala de aula. Devido ao tamanho da escola, o pátio mais parecia uma praça para o namoro, as conversas paralelas e a prática de alguns delitos. Essa nova gestão teria sido implacável contra os contraventores da ordem e da moral. Foi decretada tolerância zero para aqueles que iam à escola, mas não entravam na classe. Funcionários monitoravam todas as dependências; inspetores com rádios se comunicavam pelo pátio identificando os "fujões" para tomarem ciência do ocorrido. Alunos que se recusavam a participar das aulas eram encaminhados para a direção da escola e, após serem ouvidos, se não houvesse um acordo, eram convidados a se retirarem da escola. Para os menores de idade, eram chamados os pais e responsáveis para tomarem ciência; havia termo de responsabilidade, ciência aos pais/responsáveis, advertência orais e escritas, suspensões e expulsões, assim como rezava as "Normas Gerais de Conduta escolar'[11]. Foi exigido o uniforme e, em desacordo com as leis estaduais de ensino, alunos eram impedidos de entrar na escola, caso não estivessem uniformizados e adequadamente vestidos; voltaram as provas bimestrais que teriam sido abandonadas devido à progressão continuada. Aos professores foi dada liberdade de cátedra, e sempre eram ouvidas as reclamações deles contra os baderneiros como uma ordem.

Em parceria com a Polícia Militar do Estado de São Paulo havia rondas constantes aos arredores da escola; além do objetivo de se promover a inibição aos delitos, abordagens eram realizadas àqueles que estivessem uniformizados fora da escola em horário de aula. Levados à escola, seus responsáveis eram chamados para tomarem ciência dos casos. No entanto, o órgão de políticas públicas ligado aos direitos da criança e do adolescente registrava mais problemas interpretados como violação de direitos dos discentes (alegavam que eles tinham direito à educação). Houve um aumento expressivo nas taxas de aprovação em exames de ingresso em sistemas de educação externos.

---

11. NORMAS GERAIS DE CONDUTA ESCOLAR. Sistema de Proteção Escolar. Governo do Estado de São Paulo. Secretaria de Educação. Fundação para o desenvolvimento da Educação. São Paulo, 2009. Disponível em: http://www.fde.sp. gov. br/Arquivo/normas_gerais_conduta_web.pdf. Acesso em: 13 out. 2013.

De acordo com os Índices de Desenvolvimento da Educação do Estado de São Paulo[12], os indicadores de desempenho da escola em análise – a título somente de caracterização de natureza comparativa – eram assim registrados – como exposto na Tabela 1.

Tabela 1 - Demonstração Idesp – 2012 – Rede Estadual de São Paulo

	5º. Ano	9º. Ano	3ª. Série EM
Escola	3,78	2,15	1,37
Diretoria	3,81	2,18	1,42
Município	3,95	2,20	1,59
Estado	4,28	2,50	1,91

Na Tabela 2 será exposto o comparativo com as cinco primeiras escolas bem avaliadas no Estado, de acordo com o indicador gerido pelo próprio Estado.

Tabela 2 - Grau comparativo com índice Idesp[13] das cinco escolas "melhor" avaliadas no estado de São Paulo

Instiuição Escolar	Nota Idesp	Município
Inst. 1	8,39	Araras
Inst. 2	8,27	Diadema
Inst. 3	8,17	Itápolis
Inst. 4	7,95	Campinas
Inst. 5	7,85	Campinas

12. O Índice de Desenvolvimento da Educação do Estado de São Paulo (Idesp) é o indicador que avalia a qualidade das escolas estaduais paulistas em cada ciclo escolar e permite fixar metas anuais para o aprimoramento da qualidade da educação no Estado de São Paulo.

13. Informação a respeito do Idesp. Disponível em: http://idesp.edunet.sp.gov.br/arquivos2012/000024.pdf.

Características, organização e funcionamento do *locus* escolar

No Brasil, todas as instituições educacionais do ensino básico funcionam de acordo com o princípio constitucional que assegura a educação como direito social de todos os brasileiros. Dessa forma, a educação sistematizada com ensino ministrado com bases nos princípios de liberdade, igualdade e gratuidade gera ao *locus* escolar garantias legais de funcionamento e organizações prescritos.

O Sistema de Ensino Público de São Paulo de Educação Básica funciona de acordo com dispositivos em legislações específicas de tratamento e funcionamento escolares amparados nos dispostos nas Leis de Diretrizes e Bases da Educação brasileira, o que faz compreender a escola pública como ambiente institucional com garantia de direitos à população em instâncias diferentes da gestão pública. Mais que isso, confere a todos a apreciação dos processos de implementação da política educacional do país e do Estado a que a unidade escolar está regida, no caso específico do *locus* escolar analisado, a Secretaria de Estado da Educação de São Paulo (SEE/SP), seus programas e projetos. As escolas estaduais do estado de São Paulo operam de acordo com o disposto em Deliberação[14], que sanciona os processos de aprendizagens por meio de progressão continuada. Teoricamente, a legislação aferida sugere a todos os envolvidos nos processos escolares que conheçam e compreendam os mecanismos institucionais de organização, desenvolvimento e avaliação desse sistema de ensino. Assim como compreendam os significados dos processos de avaliação educacional, reconhecendo os meios e fins de seus resultados para análise e reflexão contínuas do desempenho escolar nas avaliações internas e externas, com finalidades de organizar e reorganizar as propostas de trabalho.

A educação pública, dessa forma, emerge de uma estrutura constituída de vários segmentos que, muitas vezes, são conflitantes no que se refere ao trabalho cotidiano do profissional desse segmento, imbricando em três categorias distintas: o público, os profissionais e os discentes, cada um numa luta de forças coagidas sob seus pontos de vistas e interesses, interferindo formal ou informalmente na organização, em decisões e gestão escolares e que demandam participação da comunidade.

---

14. Deliberação CEE n. 9/97. Institui, no sistema de ensino do Estado de São Paulo, o regime de progressão continuada no ensino fundamental. DO SP, São Paulo, 17 dez. 2011.

A garantia legal do ensino público e gratuito dirigido às massas traz consigo questionamentos sobre a qualidade gerida por esse tipo de escola no que diz respeito à produção do conhecimento. No entanto, ainda constitui um nó a ser desatado a questão de se fazer valer a capacidade de se tornar algo que é para todos de qualidade. E como nos diz Vale (1993):

> Para tornar a realidade a Escola de qualidade para a quantidade é fundamental, imprescindível mesmo, que o diretor de escola tenha em sua mente a ESCOLA QUE QUEREMOS PARA QUEM A QUEREMOS E PARA QUE A QUEREMOS. Isto significa dizer que antes da ação é preciso se definir em relação a um quadro de valores que direcionando a ação evitaria o risco do *espontaneísmo, irracionalismo e niilismo* (p. 212, grifo do autor).

Partindo do que se concerne aos princípios da educação escolar pública brasileira, e sob o olhar de situações práticas, há de se acreditar que ocorre um paradoxo no que diz respeito à garantia de qualidade e igualdade para todos.

De acordo com Vale (1993), são vários os fatores que levam a esse problema tão esdrúxulo. Contudo, o mais atenuante refere-se ao atraso histórico da educação brasileira, que legislada por leis ultrapassadas tiveram como padrão organizacional o empreendimento industrial, o que acabou fragmentando o trabalho educativo escolar ao mesmo tempo em que isolou o trabalho docente (Idem, ibidem).

Sob essa perspectiva, o trabalho escolar ocorre sob a égide de variados interesses e se choca em contextos diferenciados que se realizam de fora pra dentro e de dentro pra fora. Interesses advindos da própria comunidade em que a instituição está inserida, a qual – apesar de demonstrarem-se a favor de uma melhoria da qualidade da educação – primam mais pelos despachos burocráticos do que a efetiva elevação da qualidade do ensino. Interesses do sistema ao qual a escola pertence, para evitar inchaços e sobrecargas fiscais, demandam agilidade nos processos de escolarização daqueles que ali estão, pois há mais por vir. E nesse fogo cruzado estão os professores que acreditam gravitar no *status quo* de mestres na primazia da rigidez do ensino, e nisso validar o sonho do reconhecimento e merecimento tão almejados.

O vínculo do pesquisador com o *locus* escolar envolvido

A minha experiência de professor no *locus* escolar é anterior à de pesquisador. O primeiro momento de contato com o *locus* de pesquisa ocorreu em 2005, quando cheguei à escola para ministrar aulas em quatro turmas do ensino médio como complementação de carga horária, pois na sede em que me loquei como professor efetivo de ensino básico não comportava todo o expediente. O contato com outras turmas e professores fez-me curiosamente detectar um diferencial no que se referia à ordem que existia no lugar, a paz que reinava nos corredores, a tranquilidade que existia para os professores ministrarem suas aulas e o respeito com que as pessoas se tratavam. Tal apreensão era ocorrida porque não constituía uma normalidade na rede pública estadual de ensino tal clima escolar. Em 2006 levei o cargo efetivo de professor de educação básica para a instituição, quando o local de trabalho tornou-se também um local de pesquisa, inicialmente por meio de observação e pequenas intervenções. De 2006 a 2011 constituiu um período de observações, anotações, intervenções e testagens. As várias tentativas de relação entre as causas e efeitos da problemática foram se cristalizando, fazendo surgir as primeiras hipóteses e indagações sobre a disciplina e indisciplina escolares. Dessa forma, a pesquisa realizada efetivamente em 2012 e 2013, apresentou-nos dados que revelaram outra perspectiva de interpretação para casos de disciplina e indisciplina em meios escolares e que podem contribuir de maneira sistemática com a reflexão.

A experiência de observador-professor transforma-se em pesquisa, e a fase de professor-pesquisador fez-me analisar os acontecimentos sem promover disfunção social nos quadros analisados. Dessa forma, as iniciativas de averiguação e intervenção já em andamento de pesquisa eram realizadas em situação de condição de professor, e se desenvolviam na ação, em situações reais de vida, no cotidiano escolar, sem interrupções laboratoriais para testagens de hipóteses. As hipóteses levantadas eram respostas já apresentadas em estudos, que por meio de pesquisas acadêmicas teriam sido validadas pela comunidade científica. São estudos de abordagem psicológica e sociológica que mantiveram estreita relação com nosso objeto no que diz respeito às origens/causas da indisciplina e que apontaram respostas diferenciadas para este dilema. São estudos que apontam, de maneira implícita ou explícita, as causas de indisciplina escolar à formação e práticas de professores ou fatores relacionados à "estrutura familiar", "situação socioeconômica da sociedade" (CAMACHO, 2000; CASTILHO, 2001; MALAVOLTA, 2005; RODRIGUES, 2003).

Desse modo, a disciplina e a indisciplina escolares têm sido interpretadas de modos diversos, muitas vezes sem nenhuma postura ética – como as que as relacionam com a questão da formação ou motivação de professores – o que acabou gerando uma verdadeira caça às bruxas. Tal expectativa atendia a uma tendência político-ideológica de se considerar aceitável o resultado que se tirava de foco o discente enquanto "cliente" em potencial, e se estagnava o trabalho de professores, comparados até então à classe operária; ou atribuía o problema a situações socioeconômicas, cometendo um preconceito social para com os educandos.

No que diz respeito à atribuição da indisciplina em meios escolares, exclusivamente à formação de professores e consequentemente a seu suposto nível de conhecimento, é tendenciosa e assemelha-se à política comercial de se manter o cliente cativo, dando-lhe sempre razão. E assim esse discurso político-ideológico vingou há anos, orientado pelos políticos, os quais como "moeda de troca" atuam como "responsáveis pela educação". Nesse trâmite, o discurso político ideológico passou a ser também um discurso político-pedagógico, rechaçando o trabalho escolar de um verdadeiro lugar de mal-estar onde repousam profissionais descontentes gerados pelo preconceito tendenciosamente político de serem profissionalmente incompetentes.

O *locus* escolar em que se desencadeou a pesquisa experienciava uma fase até então não vista como própria de cotidiano escolar. A gestão escolar atual concebeu um modo de trabalho em que se estabelecia uma forma de poder no qual as relações pedagógico-escolares eram pautadas na autonomia e controle da direção escolar. As tomadas de decisão se instituíam numa relação dialógica, contudo vertical, pois os papéis, inclusive hierárquico, eram claros. A disciplina dos alunos era controlada por meio de sanções e se efetivava com apoio e mediação dos professores, responsáveis diretos em sala de aula pela aprendizagem dos alunos. As mediações e atitudes dos professores para com os alunos com o respaldo da gestão, ainda conhecida como direção de escola, tornaram-se decisivas na constituição do comportamento dos alunos. O ritmo que embalava as relações escolares era ideal para os encontros de transmissão de conhecimento sistematizado. O ritmo imposto gerava necessariamente um tom orquestral que garantia o desejado funcionamento para a recepção passiva na construção da aprendizagem enquanto conhecimento sistematizado transmitido. Assim, a gestão do trabalho pedagógico estava sempre balizada pelo trabalho dos professores que garantiam o funcionamento ordenado das relações pessoais da instituição escolar, gerando uma sensação de respeito, tolerância por meio da liberdade assistida em tudo. A manutenção de tal ordem era garantia de funcionamento interno da instituição escolar e se refletia nas condições concretas das quais as pessoas faziam parte, para trabalhar, para estudar e conviver, gerando transformações nas formulações de significados das implicações relacionais socioculturais, promotoras de aprendizagens significativas.

Segundo Rego (1996), a aprendizagem torna-se significativa quando as funções psíquicas são despertadas, conduzindo-as à disciplina do aprender. O despertar das funções acionaria a motivação, o interesse, a curiosidade, entre outros aspectos primordiais no processo educativo.

A mediação de aprendizagens de comportamentos, atitudes, na instituição escolar, reforçaria o que para Vigotski (2001b)

> [...] junto com a formação de novas conexões interfuncionais, durante o processo de desenvolvimento, a percepção se emancipa, se libera, se faz expressar-se, de toda uma série de conexões, características deles, nas fases precoces do desenvolvimento (p. 366).

Nessa perspectiva, a gestão dos sistemas funcionais organizados na vida escolar agia e dialogava em função da ação elementar da prática docente, atuando de forma articulada, cada um desempenhando seu papel naquilo que competia e em função de um sistema funcional complexo.

A gestão escolar desta primeira fase de investigação advogava que o ambiente escolar, que é um ambiente social, não poderia ser diferente de outros setores da sociedade. A relação das pessoas mantidas na sociedade demanda observância às regras locais de convivência, na observância de normas reguladoras atentas a um serviço prestado; e assim a escola deveria funcionar. Dessa forma, o espaço escolar ofereceria uma oportunidade de aprendizagem de convivência social. Sociedade na qual as ações são disciplinadas por regras normativas quando se regulam as obrigações por meio de firmações de contratos.

CAPÍTULO III

Coleta e análise de dados

A coleta dos dados

A técnica de coleta de dados consiste na maneira ou modo em que se realizam a captação de informações com as quais se pretende responder à questão para o problema formulado (GROPPO; MARTINS, 2007, p. 40).

Quanto à análise dos dados, André (2001) comenta que essa "deve ser densa, fundamentada, trazendo as evidências ou as provas das afirmações e conclusões" (p. 59). A coleta dos dados desta pesquisa ocorreu a partir de análise comparativa realizada por três tipos de captação: a observação direta de uma experiência vivida, a análise documental (arquivos escolares), entrevistas e questionários. Com o objetivo de conhecer a percepção dos envolvidos no processo educacional escolar sobre a temática, pais/responsáveis, discentes e docentes participaram da pesquisa e, com o consentimento de todos por meio de termos de consentimento livre e esclarecido devidamente assinados, responderam às questões e produziram depoimentos.

O quadro de entrevistas, e principalmente a participação dos envolvidos por meio de questionários, compôs a parte qualitativa da pesquisa e teve a função de oficializar a resposta para a principal questão: quais são os condicionantes de disciplina e indisciplina em meio escolar? De fato, essa pergunta se ramificou em várias outras questões, para que os indivíduos pesquisados sentissem-se à vontade em formular suas respostas para as questões que lhes foram propostas em vários aspectos em relação à disciplina e indisciplina em meio escolar. Todos os questionários foram aplicados em situações muito informais, e sem nenhum tipo de palestra de conscientização que antecedesse às aplicações para que as respostas dadas dos sujeitos não sofressem influências de natureza ideológica ou motivação política. Devido à contextualização histórica e contextual em que o *locus* escolar estava envolvido, foi apenas informado o objetivo da pesquisa:

verificar a percepção sobre a (in) disciplina em meios escolares, sem nada mais ser palestrado sobre opiniões ou fatos. Tal cuidado na lida com essas questões foi excessivo; sabe-se o quanto o poder de persuasão é significativo para as classes populares no que diz respeito ao convencimento a algo que se julgue melhor para eles, e da certeza de que como isso poderia influenciar nas variáveis. Exceção para a pesquisa realizada com os docentes, cujos temas foram motivados em HTPCs[15] quando foram produzidos também depoimentos e intervenções. Os questionários aplicados aos pais/responsáveis foram respondidos em eventos de reuniões de pais, também livres de qualquer debate que o antecedesse; no entanto, após recolhimento dos questionários, involuntariamente os pais/responsáveis sempre produziam algum debate, o que acabou gerando depoimentos que também foram utilizados para preparar as abordagens teóricas.

O principal objetivo desta fase de pesquisa consistiu em saber desses indivíduos suas respectivas percepções sobre a disciplina e indisciplina escolares. A averiguação objetivou referendar o que já havia sido detectado no cotidiano escolar, uma vez que a contextualização histórica em que o *locus* escolar estava inserido – conforme já dissecado no capítulo anterior, além dos registros em observação e análise documental – já se configurava de elementos suficientes para a possibilidade de que as respostas dadas estavam livres de qualquer tipo de erro de constatação.

A análise e conclusão da pesquisa estão reunidas neste último capítulo em duas partes: a primeira, que se intitula "Três episódios a serem analisados", e a última parte, "Os indisciplinados sob a ótica dos indivíduos estudados", de natureza quantitativa que corrobora com o que temos a apresentar substancialmente com o verificado com base na experiência vivida e indivíduos consultados.

---

15. HTPCs é sigla de Horas de Trabalho Pedagógico Coletivo utilizada para definir horas-aula remuneradas ao professor realizadas fora da sala de aula, mas em ambiente escolar. "Elas devem servir para que os professores reflitam sobre suas ações efetivas na sala de aula – os pontos de partida das ações (planos) e os pontos de chegada (aprendizagens) em espaço e tempo determinados –, as metas conquistadas e quais ainda precisam ser alcançadas, apresentando os sucessos e compartilhando os problemas com o objetivo de solucioná-los." SÃO PAULO (ESTADO) SECRETARIA DA EDUCAÇÃO. *Caderno do gestor*: gestão do currículo na escola. Volume 1. São Paulo: SEE, 2010. p. 10-11.

Os tipos indisciplinados e outros casos para análise

Neste item pretendemos apresentar de modo geral a caracterização dos sujeitos atendidos no complexo escolar utilizado como referência na pesquisa em curso. Assim, apresentamos a seguir algumas características subjetivas captadas no corpo discente enquanto atores sociais no *locus* escolar envolvido. Os dados mencionados foram detectados, pelo pesquisador, de modo subjetivo na condição de professor das classes, o que pode ser mencionado como impressão ou percepção sobre os indivíduos estudados.

Quadro 1 - Os tipos indisciplinados verificados na escola

Por meio de observações diretas nas salas de aula e nos entornos escolares, quanto ao item disciplina e indisciplina, os discentes indisciplinados foram agrupados, subjetivamente, da seguinte forma:

Grupo 1. Grupo disciplinado; oriundos de famílias com escolaridade mais elevada em relação às demais da comunidade, relativamente equilibradas quanto à estrutura familiar; são filhos dos comerciantes locais e tradicionalmente estabilizados no lugar, com algumas exceções.
Grupo 2. Grupo com o mesmo perfil do anterior, mas tidos como indisciplinados. São adeptos de um estilo de vida considerado revolucionário, alguns são roqueiros, *punks* (minoria), alguns usam cabelos com tranças, outros com cabelos coloridos relaxados; pertencem a tribos de adolescentes. São indisciplinados quanto às regras relacionadas a horários e ao funcionamento administrativo; no trato pessoal, são de fácil convivência, não dão muito trabalho, são muito calados.
Grupo 3. Disciplinados por exigência da família, que acredita num ideal de vida principalmente no que se refere à compreensão de ter a escolarização como acesso à ascensão social.
Grupo 4. Têm as mesmas características e origens do grupo anterior, porém são indisciplinados e de difícil convivência no trato pessoal. São muitos carentes emocionalmente e fazem muita desordem para chamar a atenção.

Grupo 5. Este grupo foi subdividido em dois, pois foram constatados diferenças peculiares de acordo com a origem de egresso dos sujeitos analisados O agrupamento fez distinguí-los e agrupá-los de acordo com os bairros (vilas) em que moram. A divisão por bairro foi realizada quando o item pesquisado era a perspectiva de estudo, as relações sociais para com os colegas, para com a escola e para com os professores. Nesses bairros, a segregação, a dificuldade de acesso a serviços públicos e a ausência dos serviços do Estado são maiores; o processo de construção sem planejamento da engenharia civil é visível, tal qual foi em outros períodos na periferia mais antiga, agora consolidada (TORRES, 2005a). O processo de segregação foi uma constante na formação das vilas. Dois tipos de segregação ocorreram, historicamente, com a construção de dois bairros que se localizam em lados opostos: o Jardim do Russo, criado na década de 1970, e o Recanto dos Humildes, na década de 1980.
Grupo 5A. Comunidade A
Grupo 5B. Comunidade B

De acordo com os dados obtidos por meio da observação direta da realidade e análise documental, no que diz respeito ao perfil e caracterização dos indivíduos escolares, foi constatados que dois grupos distintos formam uma grande amostra, e as características peculiares de cada bairro deu forma a uma amostra muito interessante para o estudo realizado.

O primeiro grupo refere-se à comunidade do bairro A, onde há problemas sociais muito acirrados. É um bairro que participou de um momento histórico muito importante na vida da Vila de Perus, que com a desativação da Fábrica de Cimento Perus, constituiu-se como bairro de operários excluídos. Houve uma divisão social entre aqueles que conseguiram recriar outras formas de sobrevivência e os que se acomodaram, por dificuldade de diversas ordens, com o processo de exclusão. Houve uma separação entre os ascendentes locais de melhores condições econômicas de sobrevivência e os novos miseráveis. Sobre esse grupo social um pesquisador se pronunciou assim:

> Este período de reconfiguração peruense é fortemente marcado pelo crescimento do Jardim do Russo, vila com pouquíssima

> estrutura urbana, o agravamento das questões relacionadas à falta de infraestrutura e saneamento básico, e geografia irregular, profundamente afetada pelo pó que saía das chaminés da fábrica de cimento (FAJARDO, 2011, p. 41).

Sobre esse grupo específico, denominado Comunidade A, de cujo grupo figuram os discentes observados nesta pesquisa, apresenta peculiaridade marcante em seu modo de viver e se comportar na escola. No meio escolar, demonstra tendência a viver em guetos; na sala de aula, costuma formar grupos de resistência. Na classe, sempre elege um colega líder ao qual será dado mais atenção, inclusive é a quem são reservadas as gargalhadas. Esse líder não é necessariamente positivo, aliás, o líder – a quem admiram e respeitam – é visto pelas normas escolares como líder negativo. O que burla as regras é mais respeitado no meio escolar (mais até que o garanhão, normalmente aquele que era considerado o "respeitado" na escola); esse é representativo na constituição das formas de resistência; forma os grupos da conversa, demonstra-se alheio a tudo que se é proposto pelo professor: sempre lidera, por exemplo, organizando um time de futebol em pleno horário de aula, etc. Para ele, a autoridade se conquista assim. O professor é uma autoridade falha, ele representa o Estado. O bom professor, de acordo com esse grupo, é o professor que "troca ideia" (gíria local), é quem conversa muito, e que diga algo que faz sentido. O que faz sentido para eles são assuntos do próprio cotidiano. Para os componentes desse grupo, esse tem "moral" (ter moral é ser respeitado por todos aqueles do grupo específico). Moral para eles é ser "mano" (nome genérico dado àqueles com os quais se identificam), com características parecidas no campo dimensional dos valores que eles acreditam. Para esses, o professor não precisa saber, ter o conhecimento sistematizado. Aliás, ensinar o conhecimento científico é uma tentativa sem muito sucesso; e se o docente assim o fizer, deve-se fazer com muito cuidado, de modo dialogado, e com muita calma, sem a rispidez de quem sabe muito para que não passe uma imagem de quem quer os humilhar. Para eles, se o professor insiste muito em ensinar algo que eles não compreendem, pode ser interpretado como se os chamassem de "burros". Eles se posicionam em clima de "ataque" numa contradição que tal imagem ora se confunde com os coitadinhos, ora com autoestima elevada demais. A mídia popular veicula a ideologia de que ser "fútil" está na moda. Eles são a nova sensação. O professor não pode ser "superior" em nada, podendo até torna-se um "herói" após extenso período de expurgo. Na mídia televisiva, o professor é sempre o vilão. É histórico e culturalmente aceito o professor ser execrado. Não interessa a ética. Esses discentes são de uma geração na qual o consumismo ditou os princípios de educação. Nesse contexto, quem dá as regras do jogo é quem consome. Na contemporaneidade, a educação escolar também virou produto. Eles são os potenciais clientes dessa indústria da sociedade consumista.

O outro grupo que destacamos nessa caracterização é formado pelos discentes moradores da Comunidade B. Esses discentes apresentam uma história ligada à luta dos assentamentos de terras. Por meio de associações de moradores conseguiram suas casas, que por dificuldade da gestão do poder executivo municipal não foi loteada toda área, permitindo muitas vielas. Nesse período houve uma presença muito grande de moradores em engajamentos de lutas por terras com a mediação de representantes de organizações governamentais e não governamentais: líderes sindicais, representantes de entidades religiosas como as Comunidades Eclesiais de Base (CEBs) da Igreja Católica e de representantes políticos. Assim foi possível esses moradores construírem suas casas. Para esse público, ao contrário do que fora mencionado anteriormente, a autoridade de alguém que fala é notadamente reconhecida. A imagem de bom professor é equivalente a um líder de causas sociais, alguém que pode mostrar o caminho a seguir, que trará formas criativas e alternativas de saídas para as necessidades básicas, para os problemas. Para esse grupo a imagem do professor é associada a alguém que merece ser dada a atenção. Esses são muito atenciosos ao que o professor fala nas aulas. São mais descomplicados para seguir regras. Tratam os professores e demais funcionários da escola com mais respeito em relação ao grupo anterior. E são mais disciplinados. O recebimento do material escolar é visto com muita atenção e respeito. É notável o olhar de agradecimento ao recebê-los. O professor é visto como alguém "bom". Seus pais são em sua grande maioria operária, têm casas ainda em construção e trabalham duro para aumentar os cômodos do recinto. São disciplinados com horários, valorizam o estudo e sabem que – como na fábrica, onde a maioria é operária – quem estuda pode ser chefe e ganhar mais. Seus pais levam a sério os estudos dos filhos e, mais ainda, são rígidos se forem chamados à escola. Os pais exigem respeito aos professores, fazendo repreensões na vista deles, exigindo até mesmo que os filhos peçam desculpas ao professor. Dizem que querem formar gente. Os alunos são prestativos e, mesmo aqueles que apresentam mais dificuldades, tendem a ser participativos, por exemplo, em atividades manuais. Apresentam habilidades colaborativas, são solidários em atividades como carregar carteiras e limpar a sala. Outro levantamento curioso é o conceito que eles apresentaram sobre a imagem do professor bom ou bom professor. O bom professor não é aquele que propõe atividades de reflexão ou, por exemplo, instiga a investigação. O bom professor para esses alunos é o professor que trabalha. E trabalhar para eles é escrever no quadro de giz. Eles são copistas. Copiar da lousa uma lição é estudar. Para eles, o bom professor deve dar exemplos; dar exemplos de que quem trabalha "vence". E para eles, o professor que trabalha é o professor que escreve na lousa.

Três episódios a serem analisados

Apresentamos, como parte da pesquisa, três episódios recolhidos e analisados em ambiente escolar. Os episódios não serviram como núcleo dos dados, mas serviram para – de maneira transversal – subsidiarem as discussões que estão em análise. Para esta pesquisa, a transcrição foi adaptada de relatórios redigidos em ocorrências escolares; optou-se pela linguagem literária (gênero crônica) para que a leitura e acesso aos dados se tornassem mais leves, sem interferência (para efeitos de julgamentos) na legitimidade dos fatos.

Quadro 2 - Episódio I: O menino que queimou o lixo

Um cheiro de queimado toma conta de todo pedaço, a parte do pátio da frente, corredores que ficam à frente da sala. Inspetores retiram rapidamente o aluno da sala e o encaminham para a direção. Colegas, às algazarras, riam triunfalmente, como se tivessem realizado um ato heroico. Em frente à Direção, seus pais são convocados e assinam um termo. Chocados, pais e parentes próximos, de olhos arregalados, pareciam temer ter gerado um monstro. Assinaturas pra cá. Discussões acirradas pra lá. Conselho tutelar não fora acionado, já que o aluno não tinha passagem por atos indisciplinados, nem muito menos por tal infração. Reunião foi realizada na sala com todos os alunos presentes, num clima de tribunal em que pais e educadores se acusam como se estivessem

> querendo achar um culpado. Leituras de normas são realizadas e reveneradas por todos como algo necessário e importantíssimo.
> [...]
> Após tudo passado, e com um clima de que nada mais podia ocorrer, encontrei o aluno na porta da sala, como se aguardasse a chegada do professor. Em tom de informalidade e com uma segurança de quem está apto a compreendê-lo, perguntei-lhe: Mas por que você realmente fez isso? E ele, com uma cara de quem pedia desculpas e que não tinha quinze ou dezesseis anos – e sim cinco ou sete anos no máximo – e, com voz de acabrunhado, trêmula e frágil, diz: "EU PENSEI QUE TODO MUNDO IA GOSTAR!".

A frase final do aluno indisciplinado, "Eu pensei que todo mundo ia gostar", foi o que me motivou efetivamente em trazer esse caso para análise, uma vez que ilustra ou transmite de modo muito contundente um aspecto das reais motivações para a elucidação de casos de indisciplina em meio escolar, questão a ser respondida aqui.

A convenção cultural do que é normal e anormal gera a reflexão sobre a utilização ou não de regras normalizadoras em meio escolar como formas de manutenção da ordem estabelecida, do controle sobre os indivíduos, do contrato social.

A discussão sobre o que é normal e anormal é tão antiga quanto as discussões acerca de disciplina e indisciplina sociais. Avaliar o que é normal ou anormal não diz respeito somente às questões biológicas (genótipo), mas também às questões sociais (fenótipo).

Para Canguilhem (1995), o anormal não é o ser humano destituído da norma, e sim aquele que possui características diferentes e não faz parte da média considerada "normal", ou seja, que segue normas estabelecidas de um grupo social a que pertence o indivíduo. No grupo que estabelece socialmente a norma, o indivíduo que apresenta características diferentes do esperado não são bem-vindas e, para esses, o diferente passa a ser anormal. Esse processo ocorre em contexto social em que a não legislação e/ou aplicação de normas reguladoras é uma constante, tendendo a imperar o estado de anomia. No meio escolar onde a norma implica indisciplina, esse dilema é muito constante quando são discriminados os que são disciplinados, e por convenção social é feita uma cisão, isolando os tidos como anormais, que diagnosticado por uma "autoridade" e referendado por todos do sistema "normal" faz o indivíduo disciplinado deixar de pertencer ao normal para se integrar ao patológico.

O procedimento de classificação de normal ou anormal (ou não normal) em condições sociais gerados em processos de ação e reação possui uma linha tênue definida por um avaliador. O menino que queimou o lixo fê-lo para ser aprovado pelo avaliador personificado pelo grupo social a que pertencia, que, devido ao estado de anomia que perpetuava na relação de todos naquela classe em específico, constituiu uma norma: a indisciplina. O avaliador social nesse grupo era todo o grupo indisciplinado que apresentava práticas escabrosas e não passava por processo de correção por parte de um superior legítimo que fizesse valer um contrato social. Por falta de uma autoridade oficial, foi criado socialmente um superior-avaliador que funcionava como superior legitimado coletivo, que aprovava ou reprovava as ações de seus elementos humanos. Os graus de proximidade e distância da normalidade são medidos pelo avaliador representado pela norma aceita, tendo o poder de definir quem foge ou não a ela (FOUCAULT, 2001). O avaliador ocupa sempre o espaço da norma e, por isso, julga-se ou torna-se o superior daquela norma. Objetivando a sensação de pertencimento, o menino que era bonzinho queimou o lixo com o intuito de participar da norma daquele ambiente. No estado de anomia em que se encontrava sua classe, essa atitude-lhe daria credibilidade. E por ele ter quebrado uma norma, nada foi tão estridente para todos os representantes daquela gestão escolar quando soube do ocorrido.

Quadro 3 - Episódio II: Guerra de maçãs

Eram nove e trinta da manhã. Bateu o sinal. Todos se dirigem ao refeitório mais uma vez para a hora do intervalo. A tia, de um cubículo de onde só se avista as mãos, distribuía – após o feijão, o arroz e o frango refogado – maçãs a todos. De repente, uma maçã voa de lá dos fundos e, sem saber por quem, acerta a cabeça do Pedrinho, que sem pensar duas vezes pega outra e atira contra aquelas bandas sem saber em quem vai parar. De repente, outra voa e acerta a cabeça de outro que – sem conhecer a real autoria – ataca com duas, três, quatro e até cinco maçãs. Furiosamente, todos contra-atacam, acertando em todos e todos se acertando. Resultado: uma porção imensa de maçãs no chão.

A Diretora surge imponente à porta para averiguar os fatos e, talvez, tomar as providências cabíveis; todos de olhos esbugalhados fitam a diretora e olham para as maçãs atiradas ao chão. Todos olham para todos tentando entender qual a real motivação para fazê-los agir assim, de maneira tão descabida.

Para começo de conversa, uma coisa deve ser falada desde já, apesar de polêmica: o aluno não chega essencialmente à escola indisciplinado. Por mais que venha de relações sociais de seu *locus* de sobrevivência repleto de problemas ligados à questão socioeconômica, como dificuldades de instalação devido às moradias precárias, desagregação familiar e todas as mazelas sociais, não constituem condicionantes essenciais para o desencadeamento de comportamentos indisciplinados. É evidente que o comportamento de indivíduos que foram expostos a menos experiências ou sofreram privação de socialização não será igual ao de outros que não tiveram tais problemas e, por isso, será preciso fazer várias adaptações para novas experiências, como a convivência escolar, por exemplo. Contudo, as ações descabidas praticadas por estes marinheiros de primeira viagem devem servir de "baliza" para um projeto de educação escolar que vise à civilidade. Essas novas experiências pessoais são muito importantes e fazem parte de suas vidas. Em outras palavras, ele sabe e é consciente da necessidade da educação escolar, de que no meio escolar deve haver respeito, que se deve bancar o bom sujeito.

Por meio de observação direta, esta pesquisa constatou que o problema da indisciplina – mais do que os condicionantes externos que são levados para a escola pelo aluno – ela está relacionada com condicionantes internos, os ligados às práticas escolares. Àqueles que são desenvolvidos no próprio ambiente, tendendo a ser repetidos sempre que se volta ao local. Ele chega disciplinado, pois é consciente da finalidade da escola na vida das pessoas. É perceptível que os alunos chegam à escola dispostos a colaborar com a construção de uma nova realidade. Eles chegam à escola dispostos a colaborar com esta nova experiência a ser adquirida, pois sonham e são confiantes na possibilidade dessa construção. O que os indisciplina é o que os desmotiva. É a utopia romântica de se esperar que uma escola seja comunitária numa sociedade classista, como disse muito bem Gadotti, em introdução de livro de Paulo Freire. E, a partir disso, forjar situações ineficientes que, por não terem sentido, acabam em insucessos.

As experiências vão sendo formadas a partir das inúmeras e constantes relações nas quais o indivíduo está inserido, quando efetua trocas recíprocas com o meio e que, à medida que recebe as mediações, suas experiências intrapessoais são ativadas ao mesmo tempo em que os sistemas culturais são internalizados, transformados e ressignificados numa relação dialógica e protagonista. A experiência local realizada pelos indivíduos, a curto e longo prazos, e o desempenho com que desempenham enquanto usuários do sistema escolar engendram códigos significantes que se configuram em significados constituintes condicionantes de indisciplina em meio escolar, mais suscetíveis a desencadear a indisciplina escolar.

Mas afinal, qual o significado dessa forma do relato anterior? O que ele nos revela?

O episódio narrado em "Guerra de maçãs", tão comum nas escolas públicas da periferia das grandes cidades, revela a necessidade da massa de burlar, quebrar a monotonia de uma organização estruturada, mexer com o poder instituído que mantém o controle por meio da observância e do vigiar. A sensação causada, quando fazem tal travessura e são interrogados por uma autoridade local e ninguém profere uma só palavra passa essa ideia. Para eles, não se faz necessário explicar com palavras. O recado está dado:

> não pensem que nos enganam. Sabemos que vocês estão acima de nós, são autoridade, devemos ficar calados, tudo tem seu horário, até a hora de se alimentar, mas "não mexam com a gente, não!". Não brinca conosco porque se nos unirmos podemos fazer uma guerra (Monólogo interior dos "atrevidos").

É o teste de resistência, ou teste de autoridade. É a partir desse episódio, que geralmente ocorre no começo do ano, que o grupo se comunica, em linguagem não verbal, o poder local de onde estão pisando; serve também para balizar o poder em potencial do "novo" grupo. E de acordo com o trato que é dado pelas autoridades locais para o caso, os estudantes tomam seus rumos. Todos são conscientes e bem informados. E tudo é analisado por eles na verificação do fato: poder de persuasão da autoridade, nível de segurança das pessoas, legalidade da aplicação das leis, nível de capacidade de empatia e finalmente ordem do lugar.

A guerra de maçãs constatada no dia a dia escolar revela que o oprimido também possui estratégias contra o opressor. Ela representa a atuação dialética da resistência à dominação.

Comportamentos de questionamento ou aversão à estrutura imposta também faz parte do processo educativo, uma vez que esse processo demanda necessariamente reflexão para a mudança.

Para Paulo Freire, somente aqueles que são acomodados podem realmente não se interessar pelo desenvolvimento de uma percepção crítica da realidade por parte dos indivíduos. O trabalhador social – expressão usada por Paulo Freire ao referir-se aos trabalhadores da educação – que nega o direito de interessar-se pelo exercício da reflexão dos indivíduos sobre a ação, sobre a própria percepção que possam ter da realidade é optar por viver em um mundo alienado. Pois,

> no momento em que os indivíduos, atuando e refletindo, são capazes de perceber o condicionamento de sua percepção pela estrutura, em que se encontram estruturada, sua percepção muda, embora isto não signifique, ainda, a mudança da estrutura (FREIRE, 2001, p. 50).

A mudança de estrutura só ocorre, segundo ele, quando os indivíduos a veem como esta realmente a é: "uma realidade histórico-cultural, humana, criada pelos homens e que pode ser transformada por eles (FREIRE, 2001, p. 50).

Ao contrário, perceber e não querer ver para nada fazer é optar pela percepção ingênua da realidade. Não é transformadora.

Quadro 4 - Episódio III: A sala que saía quando o professor entrava

1ª Série B. Origem da sala: sala remanejada de uma escola municipal situada na Comunidade A. Próximo dali há uma avenida imensa que divide a vila das outras partes do bairro e uma rodovia (Bandeirantes). A escola de onde vieram esses alunos indisciplinados não tinha regras rígidas em seu cotidiano; é comum naquele lugar pessoas do bairro perambularem dentro da escola como se vigiassem-na (é uma forma de eles participarem). Os moradores mais antigos relatam que a escola teria sido construída em um terreno baldio, onde antigamente teria funcionado um cemitério clandestino de pessoas decapitadas pela polícia. É comum familiares invadirem

a escola para conciliar brigas de estudantes ou agredir seus rivais. Todos devem ser da mesma tribo. Todos se conhecem e dividem os espaços como se fosse necessário numa briga de forças garantirem seu espaço, seu respeito. Formado por um grande grupo de pardos, parecem ser todos parentes; costumam ser explosivos e de pouca conversa. É de costume do lugar resolver os conflitos pessoais mediados por alguém representante da comunidade, por exemplo, o mais valente; esse é o mais indicado para resolver problemas de brigas de vizinho ou problemas passionais. A escola é a extensão de tudo isso. Na escola há um professor ídolo que todos gostam, e que geralmente é do próprio pedaço. Encontram-se na feira-livre e em outros lugares comuns [...]. Em vez da aula, costuma-se falar sobre assuntos cotidianos; coisas simples, por exemplo, você viu o mercadinho que abriu? Sabe quem foi preso? Ou comentar sobre coisas excitantes para eles, por exemplo, uma batida policial que os fazem temer um tapa na cara. O professor desconhecido, que não é do bairro, pode ser visto como intruso, por isso há uma falta de professores imensa no colégio de origem desses sujeitos; inclusive a diretora aparece pouco por lá. Estudam juntos desde a 1ª série da educação infantil, e a maioria desde a 5ª série do ensino fundamental. Estão juntos e formam um grupo conhecido e íntimo. Íntimo a ponto de serem parceiros, até mesmo para serem indisciplinados.
[...]
De olhos esbugalhados e arrumados com suas melhores roupas, como se fossem para uma festa... Chegam ao primeiro dia, atentos, à escola nova, onde, inicialmente, parece ser muito interessante, por ser uma nova experiência; pretendem cursar o ensino médio. Mais um desafio, enfrentar os professores novos que, por sua vez, não conseguem nem mesmo se apresentar.
[...]
Eles se comportam como se tivessem se encontrado na quadra de esporte ou na porta da casa deles. Não param de falar. Fazem gracinhas. Brigam. E riem. Promovem cenas de constrangimento. E riem. Saem e entram quando querem. Ameaçam os professores. Batem a porta. Fazem batuques nas carteiras. Cantam parabéns [...] Puxam os cabelos das meninas. Fazem careta. Exibem o celular. Tiram foto. Filmam as brigas para dar risadas. Fazem perguntas que constrangem os professores [...]. Nos dias seguintes esquecem

o material. Não fazem lição. Escrevem na lousa. Picham o chão. Escrevem seus nomes na parede. Dão risadas. E Alto. Ouvem música. Comem na sala. Falam palavrão. Socam uns aos outros. Essa sala é uma esbórnia. É preciso horas para se fazer silêncio. Provocam os professores o tempo todo.

Depois do silêncio, uma "risalhada" sem sentido!

[...]

Entra o professor, conhecido por ser rígido, pois exige sala arrumada, em fileira, e em silêncio, para ouvirem a transmissão do conhecimento. Em poucos minutos, todos saem e se negam a ficar na aula.

Eles são uma provocação.

E isso não é somente um dia, são quase todos. Eles vivem no corredor e ninguém os faz entrar. O que fazer?

(Agosto de 2011)

Relatório de sala feito pelos professores da classe para reunião extraordinária com os pais/responsáveis dos alunos. Somente cinco pais compareceram (texto adaptado).

A tentativa de imposição de uma anarquia na sala de aula desenvolvida pelos indivíduos do episódio III revela um esforço para dar continuidade ao *moddus vivendi* que operacionalizou suas ações no ambiente escolar anterior e que marcou as respectivas experiências de relações sociais antecedentes. Faltaram-lhes qualidade de vida! A maior parte do tempo esses estudantes passaram assistindo aulas em prédios sucateados que sugerem degradação e vandalismo, sem um ambiente adequado para o desenvolvimento de suas potencialidades. Eles não eram atentos e dispersavam rápido em meio à continuidade das aulas. Não tinham o hábito comum de escolares.

François Dubet encontrou situação semelhante em sua experiência como professor num colégio francês:

> É extremamente cansativo dar a aula já que é necessário a toda hora dar tarefas, seduzir, ameaçar, falar [...]. Por exemplo, quando a gente fala "peguem os seus cadernos", são cinco minutos de bagunça porque eles vão deixar cair suas pastas, alguns terão esquecido seus cadernos, outros não terão lápis. Aprendi que para uma aula que dura uma hora, só se aproveitam uns vinte minutos,

> o resto do tempo serve para "botar ordem", para dar orientações (DUBET, 1997, p. 223).

Para um problema complexo, uma causalidade complexa (DEBABIEUX, 2002). A crise da ação de socialização gera uma formação de jovens desprovidos de valores sociais. A experiência escolar vivenciada e apresentada no episódio anterior teria sido marcada pelo descaso, e isso teria contribuído com a formação dessa identidade. Dessa forma, o que esses sujeitos faziam era reproduzir a própria realidade histórica cultural artimanhada em seus respectivos *locus* de sobrevivência nos quais estavam inseridos enquanto sujeitos sociais: a indisciplina, o estado de anomia. Uma realidade amoral.

Para Longarezi (2001), a raiz do problema da indisciplina reside na educação moral dos estudantes,

> uma vez que a mudança de valores pela qual a sociedade vem passando gera insegurança quanto aos preceitos, quanto aos valores que devem ser construídos no processo educativo (LONGAREZI, 2001, p. 31).

Para o autor, a falta de referências morais e éticas na educação está causando um vácuo na formação da personalidade dos alunos. Para ele, a ausência de formação moral nas escolas faz compreender o significado da indisciplina em meio escolar, uma vez que a constituição de procedimentos educativos que visassem resgatar a noção de indivíduo moralmente consciente e responsável por seus julgamentos e atos seria a formação ideal. O autor cita a teoria de Piaget (1994), "a interiorização das regras corresponde a uma assimilação racional (crítica) das normas e a uma nova exigência moral, a da reciprocidade: é o respeitar e ser respeitado" (LONGAREZI, 2001, p. 35).

A autonomia moral desenvolvida nos indivíduos, a capacidade de autopercepção de noção de justiça e respeito às regras é construída por meio da mediação entre suas experiências e o mundo. Por isso, de acordo com esse pesquisador, há uma

> [...] crise moral, os sentimentos de respeito parecem, em consequência indefinida, ou, muitas vezes, podem expressar-se a partir de formas diferentes em diversos momentos e lugares, de

> acordo com a inserção das pessoas nessa sociedade (LONGAREZI, 2001, p. 35).

A valorização dos valores morais que não se baseiam nas relações éticas afeta a convivência que o aluno tem com a escola, e se não resgatada por ela enquanto instituição educativa e social reacende manifestada inconsequentemente na relação professor-aluno e de seus pares.

O princípio da autonomia com base em disposto legal da Lei Federal n. 9.394-96 (Lei de Diretrizes e Bases da Educação Nacional, artigo 8º, inciso 2º) confere liberdade de organização para os estabelecimentos de ensino, inclusive o poder de firmar seus acordos oficiais, dinamizando, assim, ações democráticas de participação. A autonomia da escola constitui uma das discussões mais acirradas desencadeadas nos meios educacionais escolares nas últimas décadas e que tem, entre outros aspectos, a inclusão da construção da proposta pedagógica da escola como principal dispositivo e principal articulador do princípio da gestão democrática. Projetos cujos objetivos devem promover condições de garantia de tempo de aprendizagem inerentes às características individuais e condições sociais dos alunos.

A construção coletiva da Proposta Pedagógica, Regimento Interno e Planos de Gestão constituem meios eficientes de coletivamente problematizar situações específicas em casos de demanda, não impingindo os problemas de natureza histórico-socioculturais ao trabalho do professor. Sem o respaldo dos acordos previamente estabelecidos, o professor é obrigado, além de seu trabalho, a criar mecanismos para fazer o discente aprender. Ele deve motivar os alunos; é preciso que construa estratégias múltiplas e, sobretudo, que se coloque em cena, isto é, engaje sua personalidade, num esforço unívoco de responsabilização. Na escola de massa, a relação pedagógica é cada vez mais íntima e, de certa forma, cada professor e cada grupo de professores constrói a instituição. (DUBET, 1998, p. 32).

Na prática, não é bem assim. Quando se pensa em educação escolar, muitas vezes se pensa em educação de modo generalizado, o que deixa a reflexão com doses de "pietismo", esquecendo-se de que quem trabalha no campo da educação são profissionais e não sacerdotes. Pode até ser que seja diferenciada das outras atividades profissionais, já que o ato de aprender envolve subjetivamente a vontade. Mas isso não significa que o trabalho em si exija um ato embrionário e de parto, assim não teremos sucesso nunca no trabalho com educação escolar, se cada vez que um profissional decide trabalhar com educação tem que fazer voto de pobreza, obediência e castidade. O trabalho com educação escolar é antes de tudo um trabalho profissional, assim como o trabalho escolar é, ante de tudo, um trabalho de equipe. A concepção política que responsabiliza o professor por tudo - marcada por ideologias políticas forjadoras da realidade e exoneradoras das responsabilidades de contratos de outros profissionais fundamentais na educação escolar - acaba caracterizando o local de trabalho do professor como um local de profunda turbulência e apatia nas relações.

> A visão, hoje, quase romanceada da escola como lugar de florescimento das potencialidades humanas parece ter sido substituída, às vezes, pela imagem de um campo de pequenas batalhas civis; pequenas, mas visíveis o suficiente para incomodar (AQUINO, 1996, p. 40).

O cômodo, entretanto, é efetivo a partir do momento em que se descontrói a visão romanceada de escola por um espaço ético e profissional na lida com a educação escolar. A complexidade dos processos sociais em que os discentes do caso narrado construíram suas experiências leva a entender que a escola não responde a seus anseios e expectativas. Os discentes do último episódio sugerem, por meio da resistência, a mudança de concepção de escola. Eles não se adequam a um modelo estático de participação na construção da aprendizagem. E a escola, por sua vez, somente fez o papel de guardiã. Esse público demanda a transição de um modelo estático de escola que conduz ao imobilismo para um modelo dinâmico. Modelo em que a incerteza, ambiguidade, contradição, tensão, conflito e crise são vistos como elementos naturais de qualquer processo social, que servem como condições e oportunidades de crescimento e transformação (LUCK, 2000, p. 15).

A proposta pedagógica da escola por meio de um projeto político-pedagógico poderia contemplar formas de socialização para tal clientela. A construção coletiva da proposta pedagógica seria uma importante oportunidade de verificar a melhor forma de dinamizar oportunidades de aprendizagens para esses indivíduos, ao mesmo tempo em que possibilitaria a oportunidade de se dinamizar a participação de todos onde se dispende a discussão de acordos sobre regras de convivência em sala de aula e na escola.

A construção do projeto político-pedagógico (VEIGA, 1995) ou do projeto pedagógico curricular (LIBÂNEO; OLIVEIRA, TOSCHI, 2012) com especificidade no trato dos serviços prestados ao determinado público, tornaria possível uma ressignificação do contexto escolar, uma vez que a escola pode cumprir sua função social enquanto espaço de diálogo e comunicação entre diferentes grupos sociais – atendendo às necessidades e expectativas da comunidade em que se insere, de modo que, com respeito à cultura local, instituída de valores próprios, deve possibilitar formas de reflexão sobre modos de vida e hábitos que podem ser modificados para a construção de um projeto de vida mais civilizatório.

De acordo com Libâneo, Oliveira e Toschi (2012), todo processo escolar é educativo, ou seja, todos os mecanismos de atendimento e de circulação em meio escolar devem ter propósito educativo, uma vez que o meio escolar que compõem as escolas

> são, pois, ambientes formativos, o que significa que as práticas de organização e gestão educam, isto é, podem criar ou modificar os modos de pensar e agir das pessoas" (p. 414).

A proposta curricular escolar, portanto, tendo em vista a comunidade escolar a ser atendida, deveria por meio de sua autonomia buscar formas e maneiras de exercer seu papel de formadora de cidadãos, não perdendo de vista sua finalidade, a educação. A constituição do projeto político pedagógico com tais peculiaridades seria o tom adequado para a problemática, uma vez que ele é visto como

> processo permanente de reflexão e discussão dos problemas da escola, na busca de alternativas viáveis à efetivação de sua intencionalidade, que não é descritiva ou contrastiva, mas é constitutiva (MARQUES apud VEIGA, 1995, p. 13).

Projeto pedagógico cujas matrizes se delineassem especificamente no trato da mediação de conflitos, com propostas de aprendizagens de atividades mais lúdicas, seria, talvez, a solução mais satisfatória ou apropriada para uma produção otimizada desses sujeitos. Pois de início nem mesmo as sanções causavam efeito. 'Serem sancionados' já fazia parte do 'normal' do cotidiano, por isso "serem punidos" já não mais lhe causavam mais tanto efeito. A retirada da sala de aula, por exemplo, para eles era um prêmio. A sala de aula e a aprendizagem realizada para ouvintes não lhes apresentavam sentido. A sala de aula era um estado de privação que lhes tiravam a possibilidade de serem eles mesmos como atuantes no mundo. Havia uma forma diferenciada de prever o conhecimento. Para eles, o conhecimento era uma construção coletiva e que exigia esforço pessoal – essa é a imagem que tinha de seus pais, que são trabalhadores braçais, com cuja força construíram suas casas – e não a passividade. Esse estado de privação desenvolvia raiva e revolta contra aqueles que lhes colocariam em atividades intelectuais. O grupo demandava uma participação ativa e não bancária. O que os tornariam utéis era a exposição a alguma atividade que depreenderia manipulação; a ausência dos objetos (para manipulação) era substituída pelas pessoas. As pessoas que se dispunham a envolvê-los em atividades intelectuais tornavam-se seus objetos manipuláveis. As experiências histórico-sociais tornaram-se, singulares, seus arquétipos culturais, transformando-os em dispositivos de controle a seu favor, na tentativa de manterem interação com o ambiente.

As pesquisas de Debarbieux (1996) demonstraram que os estudantes que praticavam *racket* (bagunça, confusão, desordem, extorsão), praticam agressão contra colegas de classe e principalmente aqueles de mesmo meio social, pois seguem a lei da proximidade (p. 99). Por uma questão de proximidade, eles agiam assim como maneira de socializarem suas interações. A indisciplina na classe do 1º B, mencionado nesta pesquisa, manifestava-se de acordo com o signo cultural em que suas origens se assentavam enquanto sujeitos históricos de uma comunidade específica, cujas experiências de lutas de sobrevivência foram marcadas pela violência de classes dominantes sobre classes dominadas em que, por meio de parcerias, restava apenas o clamor do grito dos excluídos. A reprodução de suas experiências enquanto manifestação de luta repelia na sala de aula quando se deparavam com a autoridade representada pelo professor; autoridade que, de certa forma, não estava ali para ouvir seus clamores, mas para impor algo desconhecido (o conhecimento científico e sistematizado), e que por ser estranho aos seus respectivos convívios social, nada significava, causando-lhes temor. Restavam-lhes, a seus modos, expressarem o comportamento arredio mediado pelas experiências anteriores (a escola e a família) de suas relações sociais. A reprodução no outro meio social (novo ambiente escolar) era utilizada como forma de socializar, de maneira organizada, o que seria desorganizado para os padrões normais da sociedade civilizada.

A intervenção pedagógica por meio da mediação de conflitos – quando deveria incentivar a cessar com os medos e preconceitos – poderia ter tornado o aprendizado dessa turma mais efetivo, pois os agentes já estavam inseridos em um contexto coletivo e os vínculos afetivos já estavam estabelecidos. Perdeu-se a oportunidade de favorecer o conhecimento de forma construtiva. Em regime de colaboração, poder-se-ia obter melhores resultados num processo de parceria e inovação.

No entanto, essa classe de alunos somente foi calada. A aplicação de sanções – com base em regras de condutas – asseguraram-lhes somente o silêncio e nada produziram. Sendo apenas vencidos pela lei da boa conduta, tornaram-se apenas dóceis.

A (in) disciplina sob a ótica dos indivíduos estudados

A análise da indisciplina – especificamente em manifestação de contextos escolares – geralmente é feita a partir do olhar dos docentes. E por se tratar de uma visão profissional, entendem por ação disciplinar todo ato ou um conjunto de regras e atitudes a serem tomadas visando à contenção de comportamentos "inadequados". E por "inadequados" são entendidos apenas àqueles comportamentos oponentes ao "bom ambiente" para o professor realizar seu trabalho que se encerra na aula, por si só. Muitas vezes, a disciplina desejável, por professores, é aquela que atende à gestão estratégica de controle, sem necessariamente estar vinculada à promoção de aprendizagens, porém nem sempre 'disciplina' representa aprendizagem, assim como ne sempre 'indisciplina' indica desordem ou falta de conhecimento.

Todos os sujeitos da comunidade envolvidos nos processos escolares são espectadores da indisciplina na medida em que tomam participação, observam suas dinâmicas cotidianas e elaboram determinadas percepções sobre ela. Por isso, nesta pesquisa, além da pesquisa bibliográfica, o estudo utilizou as observações, relatos e registros feitos e analisados do cotidiano. Também ouvimos o que dizem todos os envolvidos na dinâmica escolar – pais/responsáveis, professores e alunos por meio de questionários. Foram distribuídos questionários para serem respondidos em todos os segmentos de ensino de educação básica do *locus* escolar: ensino infantil, ensino fundamental e ensino médio. Para cada grupo estudado – pais/ responsáveis, discentes em geral, discentes envolvidos em casos de indisciplina (o critério para a entrada nesse grupo era o atendimento no setor de mediação, após serem encaminhados por profissionais da educação) e docentes da escola – formado por, em média, cem (100) indivíduos, foi selecionada uma amostra de 50, de modo aleatório (sorteio). O que gerou a análise das respostas e tabulação percentual aqui apresentadas.

A (in) disciplina na concepção dos docentes

De acordo com estudos de Mendes (2008), para os profissionais do quadro docente, a disciplina está relacionada a dois fatores decisivos para seus trabalhos: por necessidade de ordem e por necessidade de melhor aprendizagem entre os alunos. Esse pesquisador menciona que para os professores, os processos disciplinares adotados na sala de aula são utilizados, em muitos casos, como mecanismos de controle capazes de garantir o silêncio, a organização, a passividade e a imobilidade dos alunos.

Entretanto, para os mesmo sujeitos da pesquisa desse autor, disciplina é

> certa ordem – em termos de comportamento para a organização – que todos devemos ter para se fazer tudo na vida. E na sala de aula ou numa escola não pode ser diferente. A disciplina é, portanto, necessária para se fizer tudo (p. 139).

Na pesquisa apresentada aqui também verificamos o que os sujeitos entendiam por (in) disciplina. Em resultados obtidos, 78% dos docentes concordaram que disciplina é ordem, organização, comportamento necessário para se fazer algo; 18 % responderam que a disciplina significa controle sobre os outros, no trabalho e na função, e 4% não souberam responder. Para os pais/responsáveis, a disciplina também está relacionada à ordem, organização, comportamento necessário para se fazer algo – com 90% das respostas para essa definição; e somente 6% responderam que a disciplina está relacionada ao controle sobre os outros, no trabalho e na função, abuso de poder; e 4% não souberam responder.

Considerando o conjunto de considerações a respeito da definição solicitada, verificamos que há uma percentagem relativamente positiva e alta de educadores e responsáveis por discentes que definem disciplina de acordo com a definição mais condizente com o conceito apropriado para utilização em educação. Os pais/responsáveis não associam 'disciplina' a formas de controle sobre os outros ou imposição de poder. Eles associam-na a uma ordem necessária que deve pautar toda disposição a se fazer algo. Esta constatação revela que, além de tudo, há certa segurança, nos pais/responsáveis – sobre aquilo que está se propondo – ao emitirem seus pareceres.

Como foi detectado, no que refere à percepção dos professores, também se percebe que a definição de disciplina dada condiz com uma definição próxima da desejável na contemporaneidade, uma vez que esta está associada à regulamentação e não imposição ou sanção para manutenção de poder. Pois, muitas vezes, a disciplina, potencialmente desenvolvida por professores em sala de aula, como já foi dito, não é a mais desejável para o processo atual de ensino, aquela que deveria ser construída com fins de melhores resultados em atividades de aprendizagem. Ela é criada somente por necessidade de normatização para o bom funcionamento das aulas e facilitação dos processos enquanto atividade de trabalho. Essa gera poder disciplinar de se criar apenas corpos obedientes e úteis. Ela constitui a menos apropriada para usos em meios de educação, pois encerra-se nos aspectos normalizadores e domesticadores contribuindo apenas para operações de poder por meio de um conjunto de normas, muitas vezes arbitrárias, inconstantes, imprecisas, parciais, ideológicas.

A elaboração dos questionários surgiu em contextos específicos do próprio *locus* escolar que passara por experiências de ter sido administrado por duas gestões muito diferentes do ponto de vista organizacional.

Um fato marcante que circulou nos debates bastantes calorosos em reuniões pedagógicas de professores dessa unidade escolar foi a discussão sobre a responsabilidade pela indisciplina dos alunos, haja vista que essa no ambiente analisado já tinha chegado ao limite de pulverização geral. Com base nesses fatos, o questionário que foi apresentado aos professores também seguiu esse grau de interesse geral, perguntando: O Senhor entende que quem deve cuidar de casos de alunos que se mostram indisciplinados na escola e na sala de aula é?

Gráfico 2 - Responsabilidade pela disciplina de discentes em meio escolar (em %)

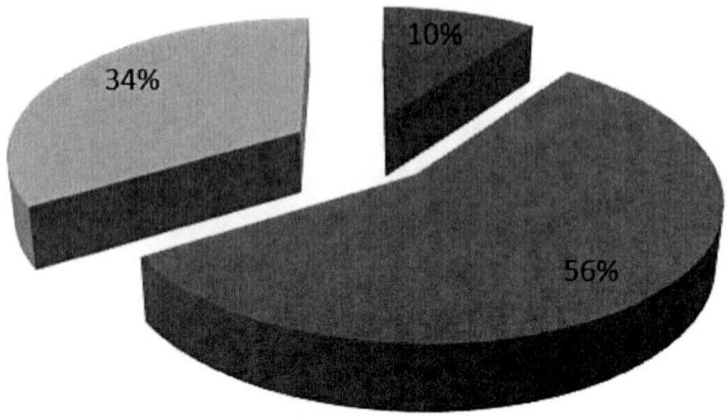

No item 'Resposnabilidade de discentes de casos de indisciplina', verificou-se que 56% dos docentes responderam que é da direção escolar; 10% concordaram em dizer que a responsabilidade é dos professores e 34% concordaram que ela é de ambos.

O problema de responsabilidade sobre a indisciplina de discentes em meio escolar não é constante somente aqui no Brasil. Na França, país com grande concentração de imigrantes nas periferias das grandes cidades e que tem enfrentado graves problemas com a violência escolar, também se torna pioneira em pesquisas no que diz respeito a esse debate sobre o trabalho profissional do professor. Uma pesquisa demonstrou que a tarefa de cuidar dos alunos, atribuída tradicionalmente por lá, mudou de percepção. A percepção que se tinha sobre o zelo dos alunos em ambiente escolar, no que diz respeito à observância dos alunos, atribuída aos professores – que é função de profissionais do quadro de apoio educacional e apoio técnico – mudou. Isso significa também uma mudança de cultura profissional no que diz respeito ao trabalho do professor quando se observa no cotidiano das escolas a atribuição de diferentes atividades conferidas como "obrigatórias" que mensuram verdadeiros desvios de função. O estudo comparativo entre três países do primeiro mundo (França, Alemanha e Inglaterra) mostra que na Alemanha e Inglaterra, onde tradicionalmente os professores possuem uma responsabilidade educativa maior sobre os alunos, há uma mudança de postura frente a essa responsabilidade. O estudo mostrou que há, notadamente, uma recusa dos professores especialistas, – ou seja, de disciplinas únicas –, em se dedicar ao controle disciplinar dos alunos.

O estudo detecta o crescimento de professores que se esquivam de praticar expedientes que constituem desvio de função. E isso foi detectado, por pesquisa francesa, por meio de percepções de alunos. O resultado da pesquisa que apresenta esses dados e concomita com a insatisfação dos professores foi apresentado por meio de dados: 17% dos estudantes franceses afirmam que os professores frequentemente intervêm quando um aluno é violento no pátio, contra 35% dos estudantes ingleses e 56% dos estudantes alemães; no mesmo sentido, 70% dos alunos franceses nunca avisam os professores quando testemunham um trote, contra 42% dos ingleses e 43% dos alemães (PAIN, BARBIER, ROBIN apud CORTI, 2002, p. 146).

Conforme esses estudos, há uma tendência de mudança de cultura profissional no que diz respeito à responsabilidade pela educação do discente em meio escolar. A responsabilidade pela socialização de discentes – tarefa iminentemente familiar, inclusive a de "domar" as incivilidades em meio escolar – atribuída somente ao professor (uma espécie de pajem) não é um sintoma exclusivo do Brasil. Em países de sistemas capitalistas de influências neoliberais (também) verifica-se tal dilema. Essa postura ideológica gera mecanismos que atribuem funções que deveriam ser de outros profissionais ao professor: profissional do ensino, com formação específica para ministrar aulas. A injusta atribuição tem uma finalidade político-ideológica. Tal prognóstico torna-o responsável por todos os aspectos de natureza de gestão da educação, pois assim torna-se possível chamá-lo de incompetente, desviando o foco do verdadeiro causador da ineficácia da educação pública. A injusta atribuição desmerece o trabalho do professor e nele deposita todos os entraves, mistificando todos os problemas decorrentes do poder político (ou até mesmo evita-se subestimar a capacidade intelectual das camadas populares). Tal procedimento torna-se altamente eficaz para a classe política, pois ao mesmo tempo em que enxuga a máquina, evitando contratação de outros profissionais necessários e imprescindíveis ao processo educacional – profissionais do quadro de apoio educacional e apoio técnico, por exemplo –, personifica um vilão a quem todos devem apedrejar, desviando o foco de uma reflexão crítica e aprofundada.

As dificuldades que envolvem o trabalho profissional de professores de escolas públicas não são atuais no Brasil. As más condições de trabalho, que vão desde a precariedade das instalações do local de trabalho e baixos salários a outros fatores de ordem subjetiva como a indisciplina e a violência nas escolas, há muito tempo constituem objeto de pesquisas e quase sempre tal problemática é explorada na mídia. A sobrecarga de trabalho e os problemas relacionados à saúde do profissional devido ao desvio de suas funções são debatidos há décadas nos principais simpósios e seminários do país por esses profissionais da educação que se sentem desabonados ou rechaçados por ações que os impregnam de desfavorecimento.

O Centro de Estudos e Pesquisas Educacionais Sindicais e Gerenciamento de Banco de Dados da Associação dos Professores do Ensino Oficial do Estado de São Paulo constatou em pesquisa recente[16] que 40% dos professores dizem considerar rotina em suas escolas sofrer ameaças ou ter algum bem pessoal danificado por alunos das escolas onde trabalham; 44% dos professores entrevistados já sofreram algum tipo de violência em suas escolas. Em outra pesquisa, o mesmo centro de estudos constatou que quase metade dos professores desse sistema de ensino já foi afastada por meio de licenças médicas para tratamento de doenças de origem emocional (23% transtorno de ansiedade ou síndrome do pânico; 18% depressão; 30% pressão arterial).[17]

As entrevistas e questionários aplicados aos professores mensuraram a percepção destes sobre a responsabilidade de averiguação de casos de indisciplina em meio escolar.

---

16. NORONHA, M. I. A (Coord.). *Violência nas escolas*: o olhar dos professores. Centro de Estudos e Pesquisas Educacionais, Sindicais e Gerenciamento de Banco de Dados da Associação dos Professores do Ensino Oficial do Estado de São Paulo. 2013, p. 33 e 34.

17. Estatística divulgada na V Conferência de Educação realizada pela Associação dos Professores do Ensino Oficial do Estado de São Paulo, realizada nos dias 28, 29 e 30 de novembro de 2012, em Serra Negra-SP, sob o título "A saúde do professor". Disponível em: http://www.apeoesp.org.br/busca/saude-do-professor/. 2013.

Tabela 3 - Questões sobre a responsabilidade de averiguação da indisciplina em meio escolar, verificada em docentes (em %)

Questões sobre a responsabilidade de averiguação da indisciplina em meio escolar, verificada em docentes		
Questões	Categoria de respostas	Total
O Senhor entende que quem deve cuidar de casos de alunos que se mostram indisciplinados na escola e na sala de aula é?	Professor	10%
	Direção	56%
	Ambos	34%
O Senhor. acha que a indisciplina tolerada na escola reflete na indisciplina em sala de aula?	Sim	72%
	Não	12%
	Não soube responder	16%
Os alunos que são punidos pela Direção de escola melhoram de comportamento?	Sim	70%
	Não	24%
	Nem sempre	6%
Os alunos, de quem são requisitados os pais na escola, geralmente melhoram de comportamentos inadequados em sala de aula e levam mais a sério o professor?	Sim	60%
	Não	22%
	Nem sempre	18%
A rigidez da escola para com alunos indisciplinados reflete na sala de aula, tornando-os mais cooperativos, as aulas mais significativas, deixando o professor mais seguro em atingir seus objetivos?	Sim	54%
	Não	22%
	Não soube responder	4%
Para o Senhor, quem deve ser o responsável pela disciplina na escola?	A Direção	68%
	Os professores	14%
	A Secretaria	12%
	Não soube responder	6%

O Senhor acha que o TIPO/ESTILO de GESTÃO de ESCOLA influencia no comportamento dos alunos, deixando-os mais ou menos indisciplinado?	Sim	88%
	Não	12%
Há casos em que a intervenção do professor na resolução de problemas de indisciplina na aula é positiva, no entanto,	a Direção da escola surte mais efeito, pois para eles a Direção é autoridade maior.	86%
	os professores são desinteressados.	12%
	Não soube responder	2%
Cuidar da indisciplina de aluno não é função de professor, principalmente porque o profissional:	Desgasta-se, perdendo energia para as explicações e gestão da aprendizagem.	78%
	Os alunos não levam a sério, e professor gosta de moleza.	14%
	Não soube responder	8%
Por parte dos professores, muitas vezes mudar o método também colabora com a melhoria nos problemas de indisciplina. Qual é a maneira mais prática?	Usar recursos das TICs.	90%
	Escrever no quadro de giz.	6%
	Fazer um piquenique.	4%
Atualmente o que mais pode ser apontado como problema/o que mais tira a atenção do aluno na hora da aula/explicação?	O uso de celular e acessório.	84%
	O uso de livros de outra disciplina.	12%
	Conversa paralela.	4%

A Tabela 3 apresenta, em percentuais, o grau de concordância dos docentes sobre algumas questões relacionadas à percepção que têm sobre a responsabilidade de averiguação no que diz respeito à produção da indisciplina em meios escolares, mais especificamente no que se refere à intervenção desta no trabalho realizado pelos professores em sala de aula. Como podemos observar na Tabela 3, várias questões foram apresentadas aos docentes. As questões formuladas para esse questionário foram motivadas por duas experiências de reflexão: a experiência vivida do contexto escolar envolvido na pesquisa e as várias tentativas de confronto nas discussões geradas – em reuniões dos docentes –, tecidas acerca de responsabilidades regulamentadas da profissão de professor e o que chamamos de desvios de função, relatados anteriormente. Dessa forma, questões sobre a responsabilidade de averiguação da indisciplina em meio escolar foram apresentadas aos docentes, configurando um conjunto enunciativo de visões sobre o ato de ensinar e suas respectivas definições sobre a disciplina e indisciplina escolares.

De acordo com os dados verificados, os professores (88%) mensuram que o tipo ou estilo de gestão escolar influencia no comportamento dos alunos, deixando-os mais ou menos indisciplinados; o que faz reconhecer a importância da liderança do gestor como fator preponderante na otimização do espaço escolar. Mais da metade (54%) acredita que a rigidez da escola para com alunos indisciplinados reflete no comportamento em sala de aula; deixando-os mais cooperativos, tornando as aulas mais significativas, possibilitando com isso mais segurança ao professor para atingir seus objetivos. De acordo com 72% dos entrevistados, a tolerância da escola para com os alunos indisciplinados reflete na indisciplina em sala de aula. Para eles, a punição é uma maneira de melhorar o comportamento dos alunos, dando um freio nas atitudes inadequadas durante a aula; 80% concordam com essa tática de controle. Dos professores entrevistados, somente 24% disseram que a punição da escola não reflete no comportamento dos alunos.

No que diz respeito à responsabilidade pela punição, 68% concordam que deve ser conduzida pela direção da escola. Em outra questão, esses mesmos entrevistados somam 86% com a concordância de que a punição deve vir da direção, pois é a autoridade maior. Além do mais, cuidar da indisciplina de aluno não é função de professor, principalmente porque o profissional se desgasta, perdendo energia que deveria ser utilizada para a gestão da aprendizagem (78%).

Metade deles combina com a opinião de que quando os alunos atrapalham a aula ou não colaboram para seu andamento e são retirados da aula para outra autoridade escolar atendê-los ocorre um resgate positivo no que se refere à imagem do professor enquanto mediador da aprendizagem em sala de aula, o que acaba gerando e conquistando mais respeito por parte dos outros alunos quanto à presença do professor na classe.

De acordo com Libâneo, Oliveira e Toschi (2012),

> Por meio da direção, princípio e atributo da gestão, é canalizado o trabalho conjunto das pessoas, orientando-as e integrando-as no rumo dos objetivos. Basicamente, a direção põe em ação o processo de tomada de decisão na organização e coordena os trabalhos, de modo que sejam realizados da melhor forma possível (p. 438).

Sobre a participação da família no contexto escolar, 60% dos professores consultados afirmaram que os alunos de quem são requisitados os pais/responsáveis na escola geralmente melhoram de comportamentos em sala de aula e levam mais a sério os professores.

Sobre a metodologia aplicada pelo professor na sala de aula, os sujeitos pesquisados concordam com a opinião de que mudar o método, muitas vezes, também colabora com a melhoria nos problemas de indisciplina. A maneira mais prática de driblar o problema, para 90% deles, é usando as Tecnologias da Informação e Comunicação (TICs). Para eles, o uso da tecnologia é um dos maiores aliados quando o assunto é transmitir informações a estudantes. No entanto, atualmente o que mais pode ser apontado por eles, como problema, em casos de indisciplina em sala de aula, pois tira a atenção do aluno na hora da explicação dada pelo professor, é o uso de celulares. De acordo com 84% dos entrevistados, o uso de celulares na hora da aula constitui o item mais citado pelos professores, mais que a tradicional conversa paralela, que somam apenas 4% e o uso de livro didático de outras matérias, citado apenas por 12% dos entrevistados.

Apesar de não ter sido mensurado como problema maior pela maioria dos professores, vale a pena registrar o depoimento de uma professora, constatado no momento de sugestões às questões para aplicação dos questionários. Ela desabafou:

> Outro aspecto a ser salientado deve ser os bate-papos nas salas de aula. Muitas vezes torna-se impossível fazer com que parem de falar e ouçam o professor. As primeiras aulas, eles colocam as conversas em dias, já que dificilmente encontram fora dali. Geralmente ficam

em casa só, os pais trabalham o dia inteiro. Eles [os alunos] não tem com quem conversar. Acabou-se a cultura do encontro nas praças, onde se encontravam..., namoravam! Atualmente devido a violência mudou-se a 'cultura'. As pessoas são virtuais. Não há mais praças. A escola torna-se uma rede social (Depoimento de uma professora entrevistada).

Gráfico 3 - Sobre as mudanças de dinâmicas nas aulas, como uso de tecnologias ou atividades relacionadas à arte

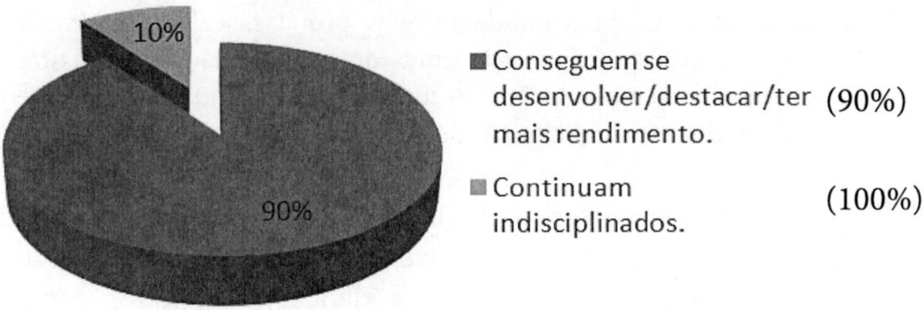

O Gráfico 3 demonstra que 90% dos professores verificados percebem mudanças de comportamento em alunos indisciplinados quando mudam suas dinâmicas de aulas.

Perguntou-se, também, aos professores, sobre mudanças de dinâmicas nas aulas, como uso de tecnologias ou orientações de atividades ligadas à arte, assim como sobre o grau de recepção por parte dos alunos na aplicação destes. Eles conjecturam que ao mudar a dinâmica das aulas, como usar computadores ou utilizar-se da arte para construir conhecimentos, os rendimentos dos alunos melhoram, no sentido de parar de bagunçar ou fazer pouco caso de uma leitura textual em ideogramas para compreensão, por exemplo.

Em depoimento, uma professora auxiliar de apoio em recuperação disse que

> o manuseio de ferramentas em computador, por exemplo, não melhora em nada o grau de compreensão de textos, o que chama mais a atenção mesmo são as curiosidades que exitem na internet, principalmente aquelas com mais imagem do que texto verbal, por exemplo (Depoimento de uma professora auxiliar).

Ao contrário da professora auxiliar, o professor de Arte acredita que não só há uma mudança de comportamento no sentido de disciplinar-se, como também melhora a criticidade dos alunos que participaram com ele do projeto de arte promovido na escola, com leituras e encenações teatrais dos textos de Shakeaspeare. Para ele,

> [...] é muito difícil, principalmente no que se refere a domar adolescentes que, por serem muito espontâneos, pensam que tem talento. Na realidade, arte não é só talento, também é técnica, e é aí que eu entro dando minhas broncas. Eles querem fazer o que querem, ou só fazer graça no palco, e não é bem assim. É preciso haver marcação, decorar o texto e entrar na hora certa (Depoimento do professor de Arte).

Seja a operacionalização da indisciplina por dificuldades de lidar com o conhecimento sistematizado, seja por resistência à aula expositiva da educação bancária, a mudança de métodos como a utilização de outras linguagens para a construção do conhecimento constitui ferramenta de otimização de aprendizagens. Contudo, a utilização das TICs na escola assim como a necessidade da arte como elemento de desenvolvimento de criticidade em alunos constituem tarefas importantes e cruciais na educação escolar contemporânea. Importante porque nelas estão as iniciativas de reforma na modernização do ensino escolar; cruciais porque representam um "perigo", quando usada apenas como entretenimento, tendo essa atividade um fim em si mesmo e não como atividade libertadora.

Em tempos de sociedade do espetáculo, a iconoclastia que promove o fascínio pela imagem pode levar o indivíduo a uma aniquilação histórica, induzindo o mundo a se transformar em fantasmagoria. A idolatria às imagens, práticas tão constantes em tempos atuais, sem a capacidade crítica que a ação da escrita reacende, torna o processo de libertação um mero processo de alucinação e alienação. Sem ela (escrita), a reflexão fica aquém das expectativas em tempos quando ela se torna tão necessária.. Pois,

> As imagens, como na religião, representam o perigo do cativeiro do pensamento. O que Flusser chama "tecno-imaginação" não tem, segundo ele, outro propósito do que o de manipular as pessoas: ditar regras de ação pela invenção de teorias que se refazem em imagens (TIBURI, 2008, p. 230).

A reflexão proposta por Tiburi (2008) reacende um debate muito atual em torno das políticas de currículo da educação escolar contemporânea no que diz respeito à dicotomia imagem e escrita. Essa crítica se torna aliada à escola democrática e de qualidade para todos, quando retoma a ideia da iconoclastia - e espaço que reserva à leitura e escrita nesse cenário - como contextos de linguagem para o exercício de reflexão e criticidade. A educação escolar torna-se essencial para tal processo, pois ela é a responsável não somente pela transmissão do conhecimento sistematizado como também pelo fornecimento de subsídios para a educação cidadã de uma sociedade crítica e participativa. Esse estágio de sujeito só será por possível por meio da transcendência. O sujeito transcendente emerge em processo colaborativo com o outro e para o outro na busca do equilíbrio. O equilíbrio fundamenta-se na capacidade das pessoas tornarem-se mais críticas, por isso menos manipuláveis, condição essencial para autonomina

A (in) disciplina na concepção dos pais/responsáveis

Os dados obtidos com as respostas dos pais apresentaram diferenças e semelhanças em comparativo com as respostas dos professores quanto à operacionalidade da disciplina e indisciplina de discentes em meio escolar.

Gráfico 4 - Percepções sobre a responsabilidade de averiguação da disciplina em meio escolar verificadas em pais/responsáveis (%)

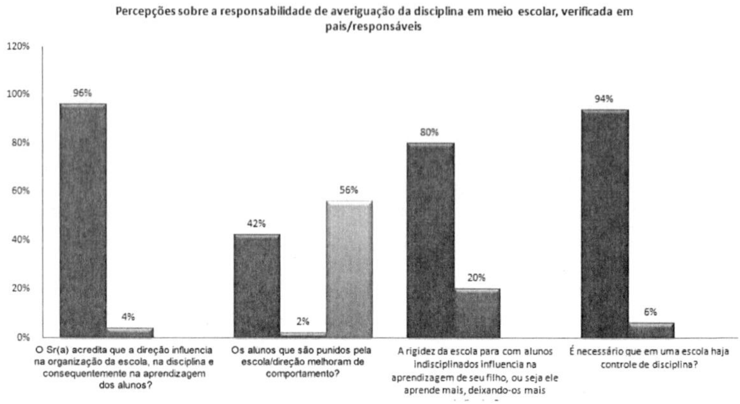

De acordo com o verificado com os pais/responsáveis no que diz respeito à disciplina em meio escolar, foi constatado que 94% mensuraram que em uma escola deve haver controle de disciplina; 80% declararam que a rigidez da escola influencia na proliferação da disciplina ou indisciplina e que (de acordo com 96%) a direção da escola influencia na organização da mesma, na disciplina e consequentemente na aprendizagem dos alunos. Este percentual foi de 96%, enquanto que somente 4% acreditam que não haja relação de responsabilidade entre as partes.

Quanto à questão da organização escolar, Libâneo, Oliveira e Torschi (2012) acrescentam:

> também a organização escolar é espaço de compartilhamento de significados, de conhecimento e de ações entre pessoas. A organização escolar entendida como comunidade democrática de aprendizagem transforma a escola em lugar de compartilhamento de valores e de práticas, por meio do trabalho e da reflexão conjunta sobre planos de trabalho, problema e soluções relacionados à aprendizagem dos alunos e ao funcionamento da instituição (p. 428).

Quando o assunto é punição, 56% dos pais/responsáveis ouvidos na pesquisa acreditam que nem sempre os alunos melhoram de comportamento quando são punidos; 42% declaram que os discentes que são punidos pela direção da escola melhoram de comportamento e 2% não opinaram.

Como podemos perceber, há um condicionante cultural curioso nesses dados. A detecção foi possível por meio de observações; o que a constatação com aplicação dos questionários corroborou-a. Diz respeito à postura dos pais/responsáveis quando o assunto é punir. Como foi percebido, o grau de concordância somente pontua em 42% declarando que os alunos que são punidos pela direção da escola melhoram de comportamento. E sobe para 56% o número de pais/responsáveis que declaram acreditar que nem sempre os alunos melhoram de comportamento.

A constatação mensurada da pesquisa parece paradoxal e somente pode ser compreendida por uma análise. O nível de rejeição dos pais/responsáveis aumenta devido à relação, que é feita na questão, entre melhoria de comportamento e punição. Tal compreensão está relacionada aos valores de autoridade materna e a própria história pessoal de sacrifício, luta, injustiça e violência marcantes nos pais/responsáveis. Os pais/responsáveis desse *locus* social (não se sabe se tal hábito é universal ou é cultural, ou apenas uma questão de gênero, pois não nos atentamos em descobrir tal fato, mas merece destacar que foi constatado nesta pesquisa como um fato local) não aceitam que seus filhos sejam punidos por outra pessoa que não sejam eles. A punição, mesmo que seja embasada em leis, se não houver uma consulta prévia, é abominada por eles. O ato de punir seus filhos sem sua permissão é visto como uma atitude ultrajadora. Por isso, se primeiro pune para depois comunicá-los, torna-se um desacato à autoridade de pai. Fazer isso significa chamá-los para uma briga. Para eles, esse procedimento afeta as relações de poder que mantêm com seus criados. Mesmo aceitando que o filho esteja "errado" na situação averiguada e saibam que é para a educação deles, há uma rejeição muito grande por parte dos pais em receber uma comunicação negativa sobre seus filhos. No entanto, com muito diálogo, fazendo-os sentirem-se seguros quanto à transparência da punição que está sendo lavrada, há uma possibilidade de a sanção poder ter sido autorizada por eles, tornando-se, assim, possível de aceitação, logo legítima.

Outro aspecto constatado (parece ser natureza cultural local) diz respeito à dificuldade de se aceitar a punição quando isso é levado com diálogo para o convencimento dos responsáveis pelos punidos. Para eles ainda há a possibilidade de um acordo. Curiosamente, notou-se que a utilização de regras e sanção com punição é aceitável e recomendado que se tenha, mas para ser utilizado contra o OUTRO.

Em contextos atuais, especificamente na sociedade brasileira contemporânea, dificilmente um infrator de trânsito, por exemplo, vai ser chamado aos órgãos responsáveis para saber se concorda com a multa que fora emitida. Não há com o quê não concordar quando as normas tornam-se claras e passam a fazer parte de uma cultura. No entanto, a concepção dialética da educação trouxe esta novidade. É dessa necessidade – de se afiliar às técnicas de disciplinamento utilizadas na sociedade com as realizadas na escola – de que esta pesquisa está situando como necessária. Necessidade da escola se colocar em seu lugar de formadora de cidadãos, cidadãos cujas vidas estão, condicionalmente, imersas no mundo das relações sociais de trabalho.

No tocante ao estudo de caso dessa comunidade escolar, tem-se dado trato diferenciado aos condicionantes culturais presentes nela e faz-se necessária a atenção. Neste ínterim, percebe-se que os indivíduos da comunidade escolar concordam com vários aspectos de normas e regulamentos ligados à organização e ao funcionamento da escola, no entanto, isso é interessante para ser aplicado ao "outro". Quando o indivíduo sente-se prejudicado por alguma regra, o grau de rejeição é muito grande contra essas próprias normas, pois esses indivíduos não se conformam nem aceitam a possibilidade de estarem "errados".

Detecta-se que nas camadas populares há uma inversão de valores no trato com os serviços prestados. É preciso um grande esforço de convencimento de mudanças de hábitos no trato com pessoas das classes populares quando o assunto é responsabilidades. Para eles, a coordenação dialética da lei moral consiste não na consciência do que ela deve fazer, mas do que o outro pode fazer para ser usado a seu favor.

Suas ações transgridem àquilo que se pode chamar de dívida política histórica, quando a consciência individual gira em torno de uma obrigação do Estado para com eles. A qualidade é definida pelo acesso e permanência na escola. O que torna mimese de um ponto conflitante em gestão pública quando se tenta definir o que é educação de qualidade para todos e o que operacionalmente define-se como participação da comunidade.

No tocante ao discurso da participação, Libâneo, Oliveira e Toschi (2012) consideram que tal discurso esteja atrelado à ideia de descentralização da educação como tarefa política de concepções de poder e que tem como principal finalidade – de forças neoliberais – a diminuição de gastos sociais do Estado; nesse trâmite, surgem projetos da mídia como Os amigos da escola, que incentivam ações que configuram exemplos concretos de uma política que centraliza o poder e descentraliza responsabilidades (p. 162).

A concepção dos usuários dos serviços em educação pública ainda traz consigo resquícios da política assistencialista do Estado. O costume histórico da compra de votos recebe uma nova roupagem, que são os recebimentos dos vales sociais. Todas as formas impingem a ideia de que tudo deve ser dado ao cidadão sem precisar haver a devolução à sociedade, pois se faz assistencialismo somente por respostas nas urnas. Isso constitui um atraso histórico, no que se refere ao desenvolvimento civilizacional de uma sociedade. Com isso, surgem palavras de agrado quando as pessoas sempre são vistas como coitadinhas, sem poder exigir muito delas, restringindo a educação escolar apenas a ações maniqueístas.

Gráfico 5 - Percepção sobre a eficácia da gestão em educação escolar na concepção dos pais/responsáveis

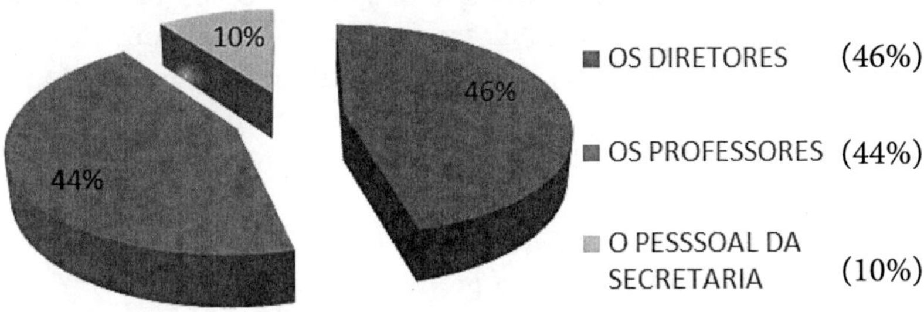

Em outra questão que oferecia três alternativas, observou-se que – conforme indica o Gráfico 5 – para os pais/responsáveis consultados, 46% acreditam que os diretores de escola são os principais responsáveis pela qualidade do ensino, pela disciplina, pela organização, pela motivação dos alunos e pelo sucesso ou fracasso escolar. Ao passo que 44% concordam que são os professores os principais protagonistas.

O item "Secretaria" (10% dos entrevistados pensam que é deste setor a responsabilidade em averiguar a indisciplina escolar) foi incluído como alternativa para a questão que procura saber sobre a responsabilidade em apurar a indisciplina escolar devido ao fato de se saber notoriamente que, para o imaginário popular das camadas populares que utilizam os serviços de escola pública, esse setor da escola é de grande importância na solução de problemas (é nesta seção, por exemplo, que se retiram documentos e registram pedidos). Além do mais, em escolas onde a presença do diretor é fantasmagórica, é comum o pessoal da secretaria cuidar da escola, já que a figura do diretor de escola, muitas vezes, é uma figura ausente e descompromissada. Alguns acham até que ali é que funciona a direção escolar. De acordo com Luck (2000), o diretor de escola constitui uma figura muito importante no manejo dos processos escolares, uma vez que ele é

> [...] um gestor da dinâmica social, um mobilizador e orquestrador de atores, um articulador da diversidade para dar-lhe unidade e consistência, na construção do ambiente educacional e promoção segura da formação de seus alunos (p. 16).

Para ela, a eficácia escolar se assenta sobre quatro pilares: a autonomia de gestão da escola, a existência de recursos com controle local, a liderança do diretor e a participação da comunidade.

Seguindo em direção à proposta de autonomia das escolas, é de orientação do sistema de ensino que os gestores sejam os principais articuladores dessas propostas na escola. Documentos expedidos pelo sistema estadual de ensino, por meio de um caderno de orientações curriculares, enfatizam a importância do papel dos gestores como lideranças na articulação da autonomia, como pressuposto para uma educação de qualidade.

> Não se deve atribuir ao professor ou ao sistema a "culpa" pelo fracasso da Proposta da escola. O gestor deve estar ciente do seu papel de articulador, desenvolvendo ações em conjunto com a comunidade escolar que deseja construir ou revendo seu perfil educativo (criar referenciais) para gerar uma Proposta Pedagógica com identidade própria, tendo por pressuposto o potencial de seu material humano (gestores, funcionários, professores, pais, estudantes e parceiros). Além disso, o gestor deve ter por objetivo estimular a participação democrática nas decisões para melhorar a qualidade do ensino oferecido[18].

---

18. SÃO PAULO (ESTADO) SECRETARIA DA EDUCAÇÃO. *Caderno do gestor:* gestão do currículo na escola. Volume 1. São Paulo: SEE, 2010. p. 5.

De acordo com esse documento, a principal função de um gestor escolar é a gestão da qualidade do ensino quando e onde deve-se liderar esforços para convivência social coletiva mais humana e construtiva para a aprendizagem.

Nesse trâmite, pretende-se esclarecer a natureza de duas questões sobre as quais se foi questionada a verossimilitude. O questionamento feito pelos professores participantes da pesquisa referia-se à questão: "O Senhor acredita que a direção/diretor influencia na organização da escola, na disciplina e consequentemente na aprendizagem dos alunos?", analisada no Gráfico 2; e à questão: "Para o Senhor, quem dá as diretrizes, por isso são os principais responsáveis pela qualidade do ensino, pela disciplina, pela organização, pela motivação dos alunos e pelo sucesso ou fracasso escolar numa escola?", que está sendo analisado no Gráfico 4.

Entende-se, do ponto de vista metodológico, que essas questões não são iguais, como foi referida por alguns professores pesquisados. Igualmente à constatação foi tão importante quanto à finalidade para a qual elas foram geradas. Elas são superficialmente parecidas, pois ambas apresentam aparentemente o mesmo problema, no entanto, atentaram para a verificação de questões distintas. Por isso, foram disponibilizadas em ordem sequencial e aproximadas quando foram apresentadas aos sujeitos estudados.

Na questão apresentada no Gráfico 2, quer-se averiguar a influência da gestão escolar em três segmentos: organização, disciplina e aprendizagem dos alunos. O que em consonância com a observação dos professores, apresenta traços ideológicos, intencionadas sobre a reposta que se queria obter. O advérbio consequentemente utilizado na questão revela que há uma opinião formada já na questão. A opinião criticada por alguns professores diz respeito ao que se queria efetivamente averiguar: a influência da direção escolar nos aspectos mencionados. Da mesma forma em que questão de tal natureza aparece no primeiro gráfico da Tabela 3.

O Gráfico 4 apresenta a questão que se quer saber sobre a responsabilidade de várias funções que cabem a setores de diferentes gestões. A distribuição percentual das respostas dadas para a questão foi distributiva, aproximadamente 50% para cada. As funções aferidas diziam respeito às competências de professores e direção. As responsabilidades apresentadas mesclavam ações da área de gestão escolar, inclusive da área de administração e gestão de aprendizagem.

A averiguação detectou que para 46% dos pais/responsáveis a responsabilidade em promover as diretrizes, por isso principais responsáveis pela qualidade do ensino, pela disciplina, pela organização, pela motivação dos alunos e pelo sucesso ou fracasso escolar numa escola, são os diretores. Enquanto que para 44%, a responsabilidade em promover as diretrizes, por isso são os principais responsáveis pela qualidade do ensino, pela disciplina, pela organização, pela motivação dos alunos e pelo sucesso ou fracasso escolar numa escola, são os professores. No entanto, como verificado na primeira questão exposta na Tabela 3, 96% dos pais/responsáveis acreditam que a liderança do diretor/direção influencia na organização da escola, na disciplina e consequentemente na aprendizagem dos alunos.

Gráfico 6 - Sobre a responsabilidade de aprendizagem dos alunos

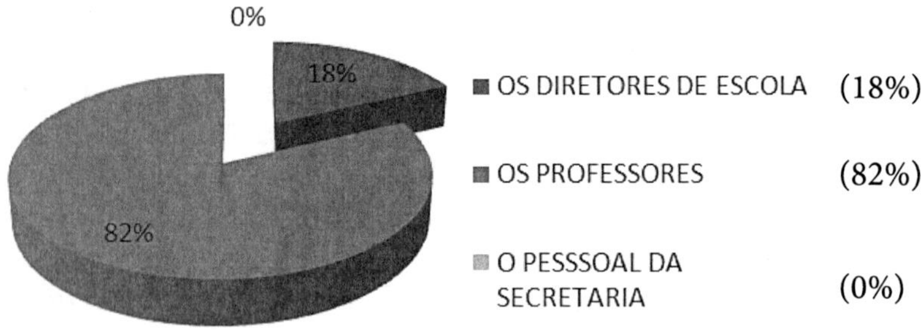

Como se verifica no Gráfico 6, a gestão da aprendizagem dos alunos é uma tarefa que cabe aos professores, de acordo com 82% dos sujeitos entrevistados.

As questões que foram apresentadas aos pais/responsáveis – não necessariamente na ordem em que se insere nos gráficos apresentados –, mensuram o papel dos professores e da direção escolar no processo educacional escolar, dando destaque para a função de diretor de escola na otimização desse espaço. Ao passo que destaca o papel dos docentes no desempenho de estratégias com finalidades de desenvolvimento da aprendizagem entre os discentes.

A (in) disciplina na concepção dos discentes

A consulta feita aos discentes teve o propósito de sondar suas expectativas ou percepções a respeito da disciplina e indisciplina escolares, assim como o nível de concordância quanto aos mecanismos de controle, quando aplicados pelo professor ou pela escola.

A pesquisa em questionários foi dividida em dois blocos: alunos não envolvidos em caso de indisciplinas, chamado de Questionário de pesquisas para alunos em geral, e Questionários para alunos envolvidos em indisciplina; e o critério para a seleção dos entrevistados para o segundo caso foi o setor de mediação escolar[19] operante na escola.

Tabela 4 - Percepção dos discentes a respeito de aplicações de sanções em alunos indisciplinados

Percepção dos discentes a respeito da aplicação de sanções em casos de indisciplina em meio escolar		
Questões	Categoria de respostas	Total
Você concorda com o professor que retira da sala o aluno que atrapalha a aula?	Sim	90%
	Não	10%
Você acha que a escola deve ser rígida com alunos que apresentam comportamentos indisciplinados, como atrapalhar a aula e perturbar a ordem?	Sim	96%
	Não	4%
O que mais deixa você com medo de ser repreendido pelo professor?	Quando ele briga com você.	20%
	Quando o professor lhe manda para a Direção.	80%

19. Art. 5°, XXXV, da Constituição Federal de 1988, menciona o recurso de mediação de conflitos como direitos assegurados ao cidadão brasileiro; Resolução SE n. 19, de 12-2-2010, SP. Institui o Sistema de Proteção Escolar que coordenará o planejamento e a execução de ações destinadas à prevenção, mediação e resolução de conflitos no ambiente escolar, com o objetivo de proteger a integridade física e patrimonial de alunos, funcionários e servidores, assim como dos equipamentos e mobiliários que integram a rede estadual de ensino.

Você acha que uma Direção mais rígida com alunos indisciplinados aumenta o nível das aulas?	Melhoram	60%
	Pioram	12%
	Indiferente	28%
Você acha que em situações de indisciplina que atrapalham aprendizagem em sala de aula:	Só a conversa do professor resolve.	38%
	Deve haver medidas mais rígidas por meio da Direção da escola.	42%
Qual a escola que melhor o aluno aprende?	Tolera a indisciplina, faz "vistas grossas".	4%
	A escola que pune com regras mais rígidas.	96%
O que você optaria em fazer se lhe fosse oferecida tal opção?	Estudar na sala com um professor.	54%
	Estudar na sala de informático acessando a internet.	46%

Analisando a resposta dos discentes, observa-se que eles demonstram-se favorável à utilização de regras e aplicação de sanções contra a indisciplina em meio escolar. Perguntados sobre a rigidez da escola para com alunos que apresentam comportamentos indisciplinados, como atrapalhar a aula e perturbar a ordem, 96% disseram ser favoráveis a uma rigidez da escola. Sobre a rigidez do professor para com os alunos que atrapalham a aula, 90% declararam estar de acordo com o professor que retira da sala o aluno que atrapalha a aula. Para esse tema, 60% disseram que uma Direção escolar mais rígida com alunos indisciplinados torna o nível das aulas melhor, enquanto que para 12% dos entrevistados o nível piora; e para 28% deles é indiferente.

Para a questão que queria saber a opinião dos discentes sobre as situações de indisciplina que atrapalham a aprendizagem em sala de aula, para a qual se apresentavam duas alternativas, a conversa do professor para a resolução do problema e a intervenção da direção com medidas rígidas: 42% dos consultados disseram estar de acordo com a intervenção da direção com medidas rígidas, enquanto 28% acreditam que a conversa do professor na própria classe para com os indisciplinados seja o suficiente. Contudo, esses mesmos entrevistados responderam que a atitude do professor de mandar alunos indisciplinados para a Direção escolar é mais temida por eles do que uma chamada de atenção de um professor na classe na hora da aula. O que indica parcialmente que esses discentes se autossugerem indisciplinados. No entanto, a grande maioria (cerca de 100%) dos respondentes acredita que a escola que melhor o aluno aprende é a escola que pune com regras rígidas alunos indisciplinados.

Tabela 5 - Percepção sobre aplicação de sanções dos discentes tidos como indisciplinados

Discentes envolvidos em indisciplina e que foram atendidos em setor de mediação, e suas percepções a respeito da aplicação de sanções		
Questões	Categoria de respostas	Total
Você acha legal ser advertido pelo professor em sala de aula?	Sim	16%
	Não	84%
Por quê?	Causa-lhe vergonha/é melhor distante dos colegas.	68%
	Tanto faz.	32%
O que mais lhe causa preocupação, e faz você evitar reincidência em atos indisciplinados. Ser advertido:	Pelo professor.	22%
	Pela direção da escola.	78%
Por quê?	É uma autoridade maior.	38%
	Tanto faz.	12%
O que mais se torna preocupante pra você em uma situação de ADVERTÊNCIA.	Levar uma bronca do professor.	18%
	Ser convocado os pais.	82%

Você se preocupa em colaborar e prestar mais atenção às aulas depois que foi convocado pela direção para uma "conversa"?	Sim	62%
	Não	36%
	Não soube responder	2%
Você trocaria a aula do professor na qual você sofreu a penalidade de indisciplina por outra aula da mesma disciplina, do tipo virtual, em computadores?	Sim	68%
	Não	32%
Na hora da aula, o que é mais interessante?	O que tem no celular.	22%
	A fala do professor.	78%
Você se preocupa em não apresentar MAIS um comportamento indisciplinado depois de ser convocado pela Direção?	Sim	76%
	Não	22%
	Não soube responder	2%

Discentes envolvidos e "autuados" por indisciplina escolar também participaram da pesquisa emitindo percepções sobre o tratamento dado em meio escolar ao problema.

A dinâmica ocorreu da seguinte forma: os discentes respondiam aos questionários após serem verificados seus envolvimentos em casos de indisciplina e, após atendimento na sala de mediação, eram convidados a responder ao questionário.

A sala de mediação é o setor responsável em atender casos de indisciplina escolar e por meio do diálogo resolver os conflitos. O responsável pelo processo conciliatório, o professor-mediador, segue a orientação de sempre buscar saídas para os casos da melhor forma possível, convencendo-os de seus direitos e deveres. No entanto, também propõem-se sanções aos estudantes, uma vez que a cultura deles encara tal procedimento como uma tomada de providência. Por isso, estipulam-se advertência oral, advertência por escrito com convocação de pais e/ou responsáveis ou até mesmo suspensão.

Dos alunos entrevistados que foram atendidos no setor de mediação nos anos 2011 e 2012, 75% afirmam que só se preocuparam em "melhorar" de comportamento quando foram encaminhados à direção e advertidos com suspensão e/ou comunicado aos pais, ao contrário do que ocorria quando eram advertidos oralmente sem nenhum sanção.

"Melhorar" de comportamento, para os discentes, é não cometer ações indisciplinadas, como não prestar atenção às orientações do professor, não conversar, parar de jogar bolinha no colega ou no professor, tirar os fones do ouvido.

Ao contrário, cometer indiciplina na aula, de acordo os discentes é:

Quadro 5 - O que é indisciplina para os discentes

Indisciplina na aula é: andar pela sala, ficar na porta, gritar do fundo da sala e ignorar o professor, imitar animais, sentar de costas para frente e de frente para os fundos, tumultuar a aula, sentar nas carteiras ou subir nelas em vez de apoiar os livros e cadernos, dependurar nas janelas, ficar saudando o conhecido que está na outra sala distante, bater palmas constantemente, mentir ou inventar sobre ocorrências em depoimentos, assobiar, comer na aula, ficar tirando fotos com a câmera do celular o tempo inteiro, sentar em vários lugares na hora em que o professor fala. Fazer aviãozinho, pichar a lousa ou as paredes, ouvir música alto, atender celulares, formar grupos de conversa alheio ao assunto tratado na aula, não utilizar material de estudos (porque esquecem ou simplesmente não tiram da mochila), deitar no chão ou em várias carteiras ao mesmo tempo, tacar livros e apostilas nos colegas, permanecer fora da sala em horário de aula, ficar na porta, desacatar professores e ou funcionários, provocar brigas, assobiar, rir irritantemente, falar alto, xingar, falar palavrões, teimar, desmentir o professor, cantarolar, ficar correndo na sala de aula, falar mal dos outros, fazer fofocas, xingar a mãe dos outros, cuspir no chão, etc. E outras atitudes que se aproximam de características de *bullying* e têm um certo grau de violência, mas não as configuram como tal, pois, apesar de malditas as tais ações, são encaradas como brincadeiras, pois têm finalidade de tumultuar o andamento da exposição da aula, simplesmente, e acabam sem vitimantes e vitimados: zombarias, esmurrar os colegas, colocar apelidos,

pegar o material do outro sem autorização e sortear entre colegas, esmurrarem-se simultaneamente, dar pontapés, fazer gozação, rasgar livros e apostilas do colega, roubar material do outro, zoar...

Enumeração de comportamentos indisciplinados realizadas espontaneamente pelos alunos do 1º ano do Ensino Médio, período matutino, set. 2012.

Nessa coleta de dados mensura-se a subjetividade na questão disciplinar aproximando sua definição às questões relacionadas aos valores, à ética e à moral.

Outro dado curioso obtido nessa consulta foi a resposta dada pelos discentes, quando a questão queria saber sobre a possibilidade de permuta do tipo de aula envolvendo o professor com quem se envolveu em casos de indisciplina e o uso de computadores. Para a pergunta: "Você trocaria a aula do professor na qual você sofreu a penalidade de indisciplina por outra aula da mesma disciplina, do tipo virtual, em computadores?", a resposta "sim" foi dada por 68% dos entrevistados. Eles trocariam a aula do professor com o qual eles teriam sido envolvidos em casos de indisciplina por outra aula (da mesma matéria) do tipo virtual. O que se faz depreender que também há casos de indisciplina em sala de aula gerada por empatia. E tal empatia – que não se pode deixar de se dizer que também é importante para gerar a aprendizagem –, muitas vezes é gerada por motivações pessoais, o que também nos faz aproximar a disciplina e indisciplina escolares do campo da subjetividade.

Se em mensurações anteriores ficou detectado que a figura mais temida e acatada como propulsora na tomada de medidas contra a indisciplina escolar é a figura do diretor de escola – o que os remete ao modelo patriarcal, ainda vigente na sociedade como arquétipo ideal de contenção de poder –, tem-se aqui mais uma constatação: o que está em jogo na disciplina e indisciplina escolares é o jogo de poder, por isso, para eles, a utilização do poder seria a melhor forma de conter comportamentos indisciplinados em meio escolar. Novamente, a direção da escola, na representatividade do diretor de escola, interlocutora dos pais/responsáveis como representativa máxima do poder, é a mais temida, logo a mais acatada.

Gráfico 7 - Percepção dos discentes "sancionados" sobre aplicação de normas reguladoras

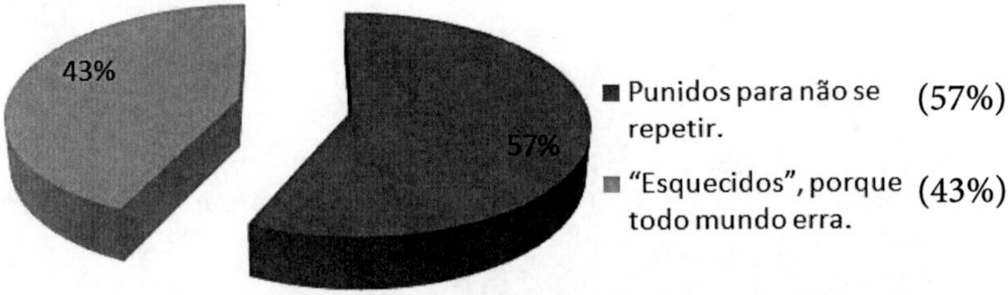

Como podemos perceber no Gráfico 7, na concepção de mais da metade (57%) dos discentes entrevistados em condições de indisciplina, a aplicação de punições se faz necessária para que o ato não venha a se repetir, enquanto que para 43% não deve haver punição nessas condições; situações de indisciplina escolar devem ser relevadas porque todo mundo erra.

Dubet (1996) detecta também que o controle da disciplina, apesar de ser inicialmente contestado, quando aplicado por meio de sanções, é visto como necessário por colegiais (na terminologia da escola francesa, os colegiais correspondem aos estudantes que cursam do 6º ao 9º ano do ensino fundamental no Brasil) (DUBET; MARTUCCELLI, 1996, p. 158).

A aplicação de regras de conduta, de início, é contestada por aqueles que são sancionados, pois aqueles que mais reclamam são os que mais falham. No entanto, logo é aceita, mesmo porque a aplicação de sanções normatizadas sai do campo simbólico para o sistema real de compreensões, permitindo àquele que tem dificuldade em seguir regras, trazê-las para seu mundo concreto. Assim, causa uma sensação de justiça, já que os que mais praticam delitos assim o fazem porque se sentem injustiçados por algum motivo e, por medo da reincidência (sugerido pelo imaginário pessoal) numa atitude providencial, acabam fazendo com os outros, precavidamente, aquilo que mais temem de serem feitos contra eles.

Gráfico 8 - Sobre a motivação da prática da indisciplina

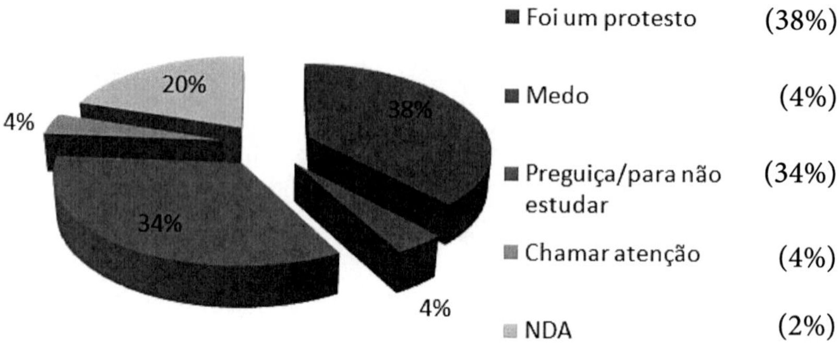

Ao serem perguntados sobre a motivação da prática do ato indisciplinado realizado por eles, detectou-se que – como lê-se no Gráfico 8 – 38% assim agem por protesto quando alguma coisa lhes incomoda; 34%, por medo de algo e 20%, por preguiça, para não estudar, então fazem algo diferente. Somente 4%, curiosamente, disseram assim fazê-lo para chamar a atenção. E 4% deles não se identificaram com as opções, talvez por terem outros motivos. As leis que regem as relações afetivas – as normas e costumes e que garantem o trânsito livre ou a aceitação no grupo social específico a que pertence o indivíduo, muitas vezes, dão as cartas do jogo, tornando todos pertencentes de uma mesmo tribo – de características próprias – decidindo até mesmo como comportar-se. Há modelos, nos pequenos grupos sociais, que se articulam e definem o modelo-padrão de comportamento a ser seguido. Assim, o indivíduo fica condicionado por decisões e escolhas que ocorrem fora de seu alcance, sendo decisivas na condução das diferentes direções na relação e que precisam e necessitam, por sua vez, de uma intervenção exterior formada pela superioridade do imaginário coletivo. Também podemos constatar que em muitos casos a indisciplina pode ser manifestada como protesto a uma situação indesejada: uma mudança de horário de aula; mudança de sala; longo tempo de espera para começar uma aula, falta de atenção do professor ou ineficiência na prestação de serviços da escola, etc., situações que acabam deixando o discente desassistido, sentindo a necessidade de demonstrar seu descontentamento, ou simplesmente para sinalizar que ele está ali (nesta pesquisa, a causa relacionada à provocação de atenção foi detectada como consideravelmente baixa). No entanto, nas infrações indisciplinares, cujas causas estão relacionadas ao funcionamento escolar, percebe-se que os alunos também são constantemente injustiçados, principalmente quando se trata de um ato de indisciplina como tentativa de buscar seus direitos. Eles sabem que muitas vezes a negligência dos funcionários e professores revelados em atos falhos deslavados em micropoderes acabam gerando um verdadeiro mal-estar entre alunos que se sentem desassistidos no que diz respeito aos seus direitos na instituição escolar. Nesses casos, devido à ineficácia do sistema institucional de ensino, os alunos tendem a apresentar comportamentos indisciplinados como uma forma de fazer valer seu direito de, no mínimo, ser o que quiser. Resistências às falhas de alguém que, para os discentes, deveria ser exemplar. Por isso, falhas de quem trabalha em 'escolas' – já que é o lugar, no imaginário estudantil que diz o que "eles devem fazer" – são injustificáveis. Os discentes questionam a permissividade dada a um professor ou funcionário de se fazer algo na escola e não a este que é aluno, simplesmente por ser aluno. Por exemplo: se demorou pra começar a aula devido a uma falha técnica e os alunos se entrosam em uma conversa com um colega ou começam a fazer outras atividades, eles questionam por que na hora da aula o professor se irrita quando eles demoram em calar a boca; ou se atrasa uma aula porque o funcionário perdeu a chave da sala onde funciona o laboratório, ou não foi instalada corretamente a mídia a ser utilizada, torna-se contradição ou abusivo advertir um aluno por ter chegado atrasado a aula. Para eles, os professores devem ser pacientes com o atraso assim como eles foram quando chegaram para a aula e esta não foi iniciada como se previa porque o vídeo a ser utilizado com um filme, por exemplo, não estava pronto. Os discentes são muito críticos quanto a essa barreira de poder. É uma maneira de exigir tratamento de igualdade. Na consciência destes, não existe ou não é concebível uma hierarquia moral por desempenho de papéis. Conjecturas do tipo "ele pode porque é adulto", é "funcionário e tem um relativo poder" não são admissíveis. Acabou o tempo em que se dizia "Faça o que eu mando e não faça o que eu faço". Para eles, isso é motivo de muitas risadas, altas e irritantes. Para o profissional da escola, o poder ainda existe de maneira vertical; para os discentes tudo é uma questão de poder, mas também pode-se fazer valer o poder enquanto estudante e por isso resolve medir forças. No entanto, esse tipo de comportamento é difícil de ser entendido pelos educadores de que ele pode ser benéfico e autocrítico. O entendimento desse tipo de indisciplina dever ser dotado de compreensão e tolerância, pois esse é comportamento desinibidor de autoavaliação.

Assim, em acordo com Debarbieux (2007), detectamos a importância de uma análise contextual que considere as tensões cotidianas ligadas ao próprio estabelecimento escolar e às relações de sociabilidade que emergem no interior da instituição.

As indisciplinas, especificamente as operacionalizadas nas relações entre os pares em sala de aula, emergem no nível de convivência, sendo passíveis de processos de mediação. Para esses casos, os processos de mediação com apoio de profissionais preparados são fundamentais, uma vez que o desenvolvimento competente de aprendizagens escolares é limitado nas relações de convivência. Não se trata exclusivamente de caso de propensão de atos indisciplinados devido a propagações do estado de anomia, mas apenas de propagação de uma certa falta de consciência, do desenvolvimento do bom senso ou apenas de ajustes cabíveis ao processo educacional.

No meio escolar, a convivência torna-se, para uns, experiência mais difícil que para outros. O aprender a conviver realizado como currículo oculto não constitui uma tarefa tão difícil quando a escola se conscientiza de que essa tarefa faz parte de sua função social. Pois como nos diz Libânio, Oliveira e Toschi,

> A instituição escolar é lugar de aprendizado de conhecimentos, de desenvolvimento de capacidades intelectuais, sociais, afetivas, éticas e estéticas e também de formação de competências para a participação na vida social, econômica e cultural (p. 452).

Enquanto alguns usuários dos serviços escolares preferem a falta de ordem com base no "tudo pode", que se escondem por trás das mazelas sociais para justificar seu comportamento autodestrutivo sem nenhum compromisso com seu próprio processo educativo; a maioria requer uma postura de responsabilidade e franqueza naquilo que se propõe a desempenhar por meio da recepção de conhecimentos e produções científicas para galgar a ascensão social que o estudo acadêmico lhe propicia. Esses acreditam que a escola não é feita para baderna, muito menos para a prática social de reprodução do atraso, mas sim do desenvolvimento e crescimento pessoal. Para isso, ela deve ser justa e coercitiva com aqueles que preferem optar pelo ócio e pela balbúrdia. Esse grupo que constitui a maioria zela pela aprendizagem e pelo patrimônio escolar, reforça o direito à cidadania e atua de modo consciente crítico e participativo. E quem são eles? Os de boa família? Sim, talvez quase todos. Mas não se descarta aqueles que também não a tem. E a escola se incumbe de civilizá-los e fazer valer a necessidade de se aprender a conviver. A escola não pode apenas ficar na retaguarda sociológica da descrição, justificando todos os erros de seus educandos devido aos seus traumas e problemas sociais; ela deve incetivá-los a deixar de ficar chorando toda vida, atribuindo toda a má sorte às mazelas pessoais e sociais. Mas sim fazê-los acreditar neles mesmos e sentir que somente eles podem fazer algo para sua vida mudar. Basta querer e acreditar. Uma das formas é a colaboração, colaborar com outro e consigo mesmo. É ter vontade. É querer. É mudar a cultura da pobreza de se achar que o seu esforço escolar é um favor para toda a humanidade, menos um bem para si próprio. É não deixar a emoção sobrepor-se à razão. É parar de deixar de ser coitadinho e promover sua autonomia com respeito e responsabilidade. É se disciplinar naquilo que almeja. É participar, exigir seus direitos, mas também cumprir seus deveres. É acordar cedo. É chegar na hora. É estar de acordo com as normas reguladoras. É ser disciplinado.

CONSIDERAÇÕES FINAIS

A conclusão deste trabalho empírico – agora disposto ao público em forma de livro – e que teve como mola propulsora a leitura etnográfica de uma realidade escolar em uma experiência vivida – remete a algumas anotações. Cabe destacar que o termo educação utilizado ao longo deste trabalho é entendido – tendo como referencial os pressupostos durkheimianos – como toda ação desencadeadora de processo de formação e aprendizagem entre pessoas, de natureza formal ou informal de aprendizagem inerente ao ser humano. Educação como processo de socialização de conhecimento de uma geração sobre a outra; influência que uma geração exerce sobre as outras, fazendo-as assimilarem como verdades aquilo que histórica e culturalmente se tenham como tais. A educação escolar é apenas a educação formal e sistematizada que de modo institucionalizado incumbe-se em transmitir o conhecimento considerado necessário para a convivência em sociedade. O que torna todo processo educativo substancialmente histórico e cultural, uma vez que o que se ensina de modo formal ou informal, institucional ou informalmente não passa de ações convencionadas geradas, referendadas e transmitidas (paradigmas) por membros de uma geração que as assimilara como valores éticos e morais próprios de uma sociedade de indivíduos. Atrelado a isso, optou-se muitas vezes neste trabalho pelo termo educação escolar quando se queria referir à educação formal realizada na escola de modo institucional, e não educação como termo generalizante.

Como dito no início, a finalidade desta pesquisa seria investigar o que faz operar a disciplina e a indisciplina em meio escolar. Para isso nos utilizamos de uma pesquisa de campo em um *locus* escolar definido como referencial prático e epistemológico de investigação. Nesse sentido, partia-se da necessidade de se analisar o fenômeno sob uma perspectiva em que tudo não fosse reduzido ao psicologismo atual com que muitas vezes se lidam com fatos de educação escolar. Dizer isso, não significa que haja preconceito contra os estudos psicológicos, mas somente porque a experiência vivida pelo *locus* escolar envolvido e utilizado como *locus* da pesquisa teria sido suficiente para detectar que o problema da indisciplina na escola pública ultrapassa os limites da abordagem pessoal – o que as pesquisas de abordagem psicológica já o fizeram de certo modo – e passa a ser um fenômeno social de proporções maiores.

A abordagem histórica cultural, dessa maneira, constituiu-se para análise desta experiência a mais apropriada. A teoria sócio-histórica que sustenta metodologicamente a abordagem histórico-cultural (uma área de pesquisa ainda em construção) nos permitiu de modo muito eclético situar as questões vagueando por autores diversos e sem o rigor metodológico de uma escola teórica fechada. Graças a isso, não ficamos atados a autores, nem a filósofos, nem a pedagogos, nem a historiadores culturais de maneira total, como discípulos fanáticos de um ou de outro, sem uma visão crítica do pensamento de cada um; mas utilizamo-nos de linhas determinadas sobre os objetos cujos pensamentos acreditam-se caber para análise dos fatos em uma abordagem contemporânea, sem correr o risco de ficar apenas na "bola da vez" sem contextualizar com profundidade naquilo que se queria demonstrar a partir do detectado. Necessidade de se considerar a perspectiva da complexidade social, suas subjetividades, pois a concepção de educação enquanto prática simbólica

> que encaminha às demais práticas sociais, é possível pensar em outra escola, tanto relativamente à organização (ou organizacionalidade), quanto às funções que pode desempenhar (PORTO, 1999, p. 8-9).

Mudança em cujo regime constitui urgência de reforma no momento em que se detecta a emergência de um novo paradigma científico, uma nova epistemologia, o recente chamado paradigma emergente (MORIN, 1999), o que abre possibilidade para melhor compreender, apontar e analisar novos caminhos. Novos caminhos apontados por mudanças de paradigmas de que a contemporaneidade receptiva. A mudança de pensamento, historicamente, ocorre por meio do aperfeiçoamento da ciência.

O aperfeiçoamento da ciência fez saber que, por exemplo, o que filósofos como Platão (428/27-347 a.C.), Santo Agostinho (354-430 d.C.), e Descartes (1596-1650) disseram sobre inatismo era falsa. O homem não nasce com determinadas crenças verdadeiras. O que John Locke declarou, em seu *Ensaio sobre o entendimento humano*, que a mente é um papel em branco, desprovida de todos os caracteres, sem quaisquer ideias, também foi refutado. Atualmente descartamos o termo "tábula rasa" ou "folha em branco", pois sabemos, graças aos avanços da ciência, da complexidade do ser humano enquanto ser racional. A moderna biologia genética defende que ao nascermos já possuímos um histórico de predisposições inscrito em nossos genes, possibilitando o desenvolvimento de certas doenças futuras (hereditárias). Isso significa dizer que a ciência avança no sentido de afirmar que podemos estar geneticamente determinado para, assimilar tendências sexuais e/ou comportamentais ou até mesmo predispor a desenvolver o paladar, fazendo-se sentir com mais ou menos prazer o gosto pelo sorvete de chocolate. Mas aquilo que somos enquanto sujeitos depende de uma combinação de fatores genéticos com o ambiente em que fomos criados. E isso é tão crucial em nossa vida, que a influência externa, ambiental, interfere também nas funções orgânicas. Seríamos, portanto, o resultado das escolhas que fizemos segundo as imposições de nosso patrimônio genético, da internalização sensorial advinda do meio físico e social, da mediação simbólica via cultura que participamos somadas às oportunidades que temos na vida.

Esses referenciais corroboram o entendimento de que o desenvolvimento (apropriação de traços de cada ser humano: comportamento, funções psíquicas, crenças e valores) está intimamente vinculado ao aprendizado. Os comportamentos indisciplinados na aula, por exemplo, são atividades mentais aprendidas e que estão estreitamente relacionadas aos seus valores éticos e morais, sistematicamente relacionados à aprendizagem e à apropriação do legado de seu grupo cultural. No meio escolar, a vomtade em praticar um ato (in) disciplinado está no reforço com que este é tratado. O faz de conta presente na cultura escolar em que a indisciplina do aluno é associada à "capacidade" do professor, paradoxalmente faz a escola não cumprir seu papel de educadora, tornando a não averiguação de casos de (in) disciplina tornar a principal causa de reincidências. Essa estratégia – de modo camuflado – como já se abordou, é transmitido por meio da linguagem que media as convivências, os valores internalizados simbolicamente e outros mediadores que se transformam num aparato psíquico de cada indivíduo, constituindo um poderoso corpo de relações.

Na concepção vigotskiana, o desenvolvimento humano ocorre por meio de uma interação dialética entre o indivíduo e o meio, mundo físico e social, e sua dimensão cultural e interpessoal, do qual faz parte desde o seu ingresso no mundo. Nesse processo, o indivíduo ao mesmo tempo em que internaliza as formas culturais as transforma e intervém em seu meio. É, portanto, na relação dialética com o mundo que o sujeito se constitui e se forma.

O comportamento mais ou menos indisciplinado de cada indivíduo dependerá de suas experiências, de sua história educativa, que por sua vez evidencia relações com as características do grupo social, com as circunstâncias e com a época histórica em que se insere (VIGOTSKI , 1995, p. 141-142).

A perspectiva teórica da abordagem histórico-cultural destaca a educação escolar como principal articuladora de conhecimento, tendo papel fundamental no desenvolvimento das funções psíquicas superiores quando se efetiva o papel de mediadora entre o conhecimento do senso comum (conceitos cotidianos, pensamento espontâneo) com a articulação do conhecimento sistematizado (conceitos científicos, saber elaborado).

Com base nos postulados teóricos vigotskianos – de que o psiquismo humano é formado a partir do aparato biológico somado às condições de adaptação ao meio físico e social – pode-se prever que o humano é um ser de relações. A mediação do humano com o meio social torna-o participante ativo e prático de produção de significados sobre os fenômenos que o cerca, num processo contínuo de internalização e recriação das formas culturalmente aceitas. Dessa forma, comportamentos de disciplina e indisciplina representam manifestação de formas culturalmente aceitas determinadas pelo grupo cultural a que pertence o indivíduo, portanto, resultado da produção de significados cujas bases repousam nas concepções e valores da cultura relativamente aceita no *locus* em que tais comportamentos são deflagrados.

Assim, verificou-se nesta pesquisa que relacionar atos de indisciplina às várias significações atribuídas simplesmente ao ato de ensinar são insatisfatórias, pois os casos de indisciplina em meios escolares vão muito além da sala de aula. A sala de aula constitui um subsistema de um sistema maior que é a instituição, e, por isso, o que nela ocorre não fica imune às características mais gerais da organização escolar no processo de formação educacional, assim como da comunidade escolar como um todo. Condicionantes institucionais mediatizam valores direcionando formas de o discente se comportar, sob as quais a ação pedagógica dos diferentes docentes se realiza.

Aos condicionantes limitados ao que concerne apenas ao âmbito da prática pedagógica da sala de aula, ou seja, das várias significações atribuídas ao ato de ensinar, observa-se que duas visões são constantes no contexto escolar estudado: a que concebe o ensino-aprendizagem como simples transmissão e a que o concebe como um trabalho de construção e reconstrução por meio da descoberta e da pesquisa. Contudo, tanto em práticas mais tradicionais quanto as mais progressistas, os comportamentos indisciplinados em sala de aula relacionam-se mais com a imagem que o aluno tem da escola, de seu funcionamento, assim como o cumprimento de normas e regras de convivência e de organização, seguido do uso de sanções advindas do seu descumprimento, do que exatamente com o método, com a matéria ou com o professor que a aplica. Essas concepções determinam não só formas de ensinar, mas formas diferentes de relação pedagógica, com repercussões nos resultados dos discentes.

Em contrapartida, a percepção dos discentes sobre esse problema também revelam que a apresentação de comportamentos vistos como indisciplinados analisados pelos próprios discentes situam-se geralmente em comportamento-resposta à uma situação rejeitada, imposta. Resposta de uma não adequação à situação apresentada, seja ela contra a aula, contra ao professor ou até mesmo contra a própria escola, condicionado por uma não representação da escola para ele. As representações sociais desses indivíduos muitas vezes são desprovidas de experiência significativas de aprendizagem letradas e reflexivas. Por isso, muitas vezes, em escolas de comunidades populares, em vez de ensinar e formar futuros cidadãos críticos e responsáveis, surte-se mais efeito pautar no trabalho escolar – como se mede audiência – apenas massageando os egos de seus pupilos num eterno faz de conta.

Durkheim (1978) salienta que os indivíduos são formados por duas consciências: a individual e outra social, e que não deixam de ser distintos, pois ambos mantêm-se em diálogo contínuo de comunicação, mantendo influências recíprocas, em cuja dinâmica ocorre assim:

> Um é constituído de todos os estados mentais que não se relacionam e não conosco mesmo e com os acontecimentos de nossa vida pessoal: é o que se poderia se chamar de ser individual.

> O outro é um sistema de ideias, sentimentos e de hábitos que exprimem em nós, não a nossa individualidade, mas o grupo ou os grupos diferentes de que fazemos parte, formado pelos elementos de convenção cultural tais como as crenças e as práticas morais, as tradições nacionais ou profissionais, as opiniões coletivas de toda a espécie. Seu conjunto forma o *ser social*. Constitui este ser em cada um de nós – tal é o fim da educação (p. 90).

A finalidade da educação escolar – que deveria ser a de aproximar do desenvolvimento das funções superiores de seus educandos – acomoda-se na formação da consciência ingênua, deixando-os todos apáticos e acríticos, numa aceitação dócil e passiva de uma dura realidade, impedidos de enxergar as causas e efeitos de suas ações para a compreensão de sua miséria enquanto pessoa.

> A educação satisfaz, antes de tudo, as necessidades sociais e toda educação consiste num esforço contínuo para impor à criança maneiras de ver, de sentir e de agir às quais a criança não teria espontaneamente chegado (PEREIRA, 1995, p. 42 apud ARANHA, 2001, p. 167).

O pensamento durkheimiano oferece pistas para aquilo que chamamos neste trabalho – no que tange à educação brasileira – de necessidade de 'mudança de cultura' na educação escolar. Mudança e inovação já proposto por grupos organizados e principalmente pelos trabalhadores da educação em fase de elaboração da Carta Magna quando pontuaram a necessidade de

> uma escola fundada sob a égide dos preceitos democráticos, que desmanchasse a atual estrutura hierarquizante e autoritária que inibe o exercício de relações verdadeiramente pedagógicas, intrinsicamente opostas às relações de mando e submissão que são admitidas, hoje, nas escolas (PARO, 2001, p. 55).

Com base neste pressuposto, poder-se-ia, de maneira efetiva – não somente incumbidos à educação escolar, mas num esforço contínuo de toda a sociedade; para uma mudança de cultura frente aos novos paradigmas de sociedade contemporânea – empenhar esforços para uma educação de qualidade para todos.

> As transformações profundas que as sociedades contemporâneas tem experimentado, e estão para experimentar, necessitam de transformações correspondentes no plano da educação. Se sentimos que as transformações são fatais, não sabemos, porém de maneira precisa, quais serão elas (DURKHEIM, p. 89).

A fatalidade de que Durkheim já tinha conhecimento de que estava chegando, não nos admira dizer que já chegou. E por falta de parâmetros claros devido à falta de um projeto educativo consistente diante da necessidade de se saber que tipo de cidadão se quer formar para a sociedade, a escola acaba frustrada por não oferecer situações que contribuam significativamente na construção de uma realidade social mais justa e democrática; pois do modo como está organizada, parece uma maquete de um projeto inacabado, servindo apenas para reproduzir a sociedade e não para transformá-la. Uma vez que a sociedade impõe-se ao indivíduo por meio da coerção externa, internalização de valores, a escola, por sua vez, numa tentativa de promoção de gestão do funcionamento, adapta-se à realidade do educando, aproximando-se de seus valores cuturais sem transformação, e o que deveria ser apenas ponto de partida, não avança, constituindo-se apenas por reproduzi-la.

Essa reflexão fez Petitat (1994) estar convencido de que Durkheim desenvolvera a fundamentação da corrente funcionalista, tanto no que diz respeito à estrutura social quanto à evolução sócio histórica dos estudos em educação. A educação é eminentemente social, ou seja, ocorre informalmente no meio em que o indivíduo vive. A internalização de signos culturais, – compostos, necessariamente por elementos ideologizantes, – são recepcionados pelos indivíduos como "verdades" o que acabam formando o substrato social de educação para as gerações futuras. Esse processo de recepção de códigos sociais introduz o "indivíduo biológico socialmente indeterminado no indivíduo socialmente integrado [...]" (p. 13).

Dessa forma, a educação escolar de responsabilidade da instituição 'escola' – principal agente de mediação simbólica enquanto locus educativo privilegiado – participa efetivamente da formação dos indivíduos contribuindo com a formação do sujeito socialmente integrado. Pois, a maneira como ela se organiza e lida com a comunidade funciona como instrumento político e ideológico de dominação e de relações de poder. Assim, pode-se dizer, como sugere Isabel Freire (2001), que as condições organizacionais (a organização do tempo e do espaço, as relações de trabalho, assim como todos os serviços prestados) de uma escola podem ser mais ou menos favoráveis à atuação disciplinar dos discentes em todo meio escolar, refletindo decisivamente e mais atenuantemente na sala de aula, lugar em que - como artimanhas do poder - o professor é um profissional eternamente avaliado por quem quer que seja. Dito isso, conjectura-se que a maneira como a escola define suas regras ou as monitora para fins de educação escolar, assim como a forma como ela auxilia o professor diante das dificuldades disciplinares e as condições que ela cria para "proteger" as salas de aula de eventuais perturbações em suas condições de trabalho "autoriza" comportamentos de (in)disciplina de discentes, relevando-se apenas alguns dos aspectos que podem constituir condicionantes determinantes de limites ou permissividade no que diz respeito às motivações operantes em comportamentos disciplinares ou indisciplinares em discentes em meio escolar.

Outro aspecto salientado nesta pesquisa e que se relaciona ao *modus operandi* da (in) disciplina no meio escolar é o problema da participação enquanto condição necessária para a gestão democrática da educação. O que foi detectado, em meio à observações acerca da indisciplina, juntamente com depoimentos de pais/responsáveis, refere-se à crítica sobre os limites da participação dos sujeitos da comunidade escolar. Foi constatado que eles desejam pouco participar, porque percebem que a força de sua participação é limitada. Afirmam ter pouca visibilidade na participação de decisões junto à aplicação dos recursos (dinheiro público) nas necessidades básicas do meio escolar. Acreditam que, por mais que tenham "boas intenções" em suas "iniciativas" a decisão sempre depende da vontade política, que só seria possível por meio de uma mudança de cultura de gestão dos serviços públicos. Participação como ideal de gestão democrática demanda tal mudança, caso contrário torna-se uma utopia "já que o problema da escola pública no país não é, na verdade, o da administração de recursos, mas o da falta de recursos" (PARO, 1987, p. 52).

A falta de recursos que tem causas intrinsicamente ligadas também à má gestão dos recursos acaba tornando a participação atrofiada, apenas limitada às tímidas representações populares pouco impactantes de mudanças em meio escolar. Entretanto, de acordo com que foi observado em relação à possibilidade de mudança de cultura, salientamos que há algo de novo a comemorar, pois ela já existe e é detectável numa comparação – no aspecto organização escolar – dentro de um recorte dos últimos vinte anos. Por exemplo, nos anos finais da década de 1990, a participação da comunidade na escola era referida para suprir a falta de funcionários de serviços gerais. Os diretores de escola pediam a participação dos pais na entrega da merenda e até mesmo para varrer a escola, e isso era participação; nos anos 2000, a participação da escola pública e democrática tornou-se sinonímia de participação dos pais e comunidade nos conselhos deliberativos; e atualmente fala-se em participação para efetivamente criar uma proposta de gestão de recursos públicos, cujas aplicações devam respeitar as necessidades de recursos físico, pessoal e material da comunidade escolar.

A necessidade de uma transformação no tipo das relações estabelecidas dentro das escolas poderá fazer com que a (in) disciplina seja encarada sob uma perspectiva menos preconceituosa, haja vista que a qualidade da assistência pedagógica oferecida aos professores dentro das escolas representa uma das que mais necessitam de atenção urgente. Deve-se objetivar que os princípios que dão sustentação às regras a serem cumpridas tenham como pressuposto a justiça social e seja fruto da construção de todos os envolvidos. As ações devem ter suas bases no princípio do respeito a essas regras. A educação para a docilidade (obediência cega) desenvolve nos alunos uma dependência quase infantil, que os impede de crescer como sujeitos autônomos – condição imprescindível para o exercício da criatividade, do raciocínio e para o amadurecimento das relações. O cotidiano escolar não é estático e repetitivo, possui um dinamismo próprio, em que os mecanismos de dominação e resistência, opressão e contestação ocorrem juntamente com a reelaboração dos conhecimentos, atitudes, crenças e diferentes modos de compreender o mundo e a realidade.

Os estudos sobre disciplina e indisciplina em meio escolar emergem com a mesma força que os estudos sobre a autonomia moral enquanto possibilidade de construção de uma sociedade de direitos próprios do estado democrático, ao mesmo tempo em que reaparecem como urgência a melhoria na qualidade da educação no contexto de urgência de inovação e reforma.

Sobre a indisciplina escolar, especificamente a desenvolvida em sala de aula, notamos que em quase todos os casos a discussão surge tendo como pano de fundo de dois motivos, ainda que ressalvados de modo tímido: a necessidade de se manter um controle sobre os alunos, não necessariamente justificando-se ser a melhor forma de se produzir aprendizagens; e a outra está estreitamente ligada à questão do poder da escola e do professor. A obediência gera uma sensação de submissão e insegurança, diminuindo consideravelmente a probabilidade de questioná-lo, aceitando passivamente o que está sendo dito. No contraponto estão os discentes, que se apropriam de uma falsa liberdade para o questionamento crítico na tentativa de desequilíbrio como esquema de mote para a anarquia.

Do ponto de vista pedagógico, a indisciplina funciona como o mal necessário para se tirar a escola de sua zona de conforto, por mais que seja vista com maus olhos, ela serve para a escola contrabalancear seus valores e que possa sempre estar se questionando sobre sua prática, revendo seus costumes, revendo suas regras, para poder recriá-las. Há casos em que a indisciplina escolar surge para questionar os modos de operação em que os processos de gestão institucional estão imbuídos. Nesses casos, a indisciplina serve para aperfeiçoar a própria disciplina. Ela gera reflexão para aperfeiçoar a própria disciplina, gerando reflexão para o crescimento da própria instituição de ensino. A indisciplina faz a escola crescer. A má gestão da disciplina, seja na sala de aula, seja em outros meios escolares, reflete a imcopetência de quem lida com a educação escolar. Por isso, muitas vezes, a indisciplina de discentes também serve para a construção de álibis numa suposta tentativa de justificação da própria incompetência, sendo utilizada como estratégia de poder – neste ambiente tão inseguro e ingrato – para se perseguir profissionais que se tornam "indesejáveis" aos olhos daqueles que estão à frente dos poderes organizados nas instituições criando as tão famosas e injustas "cartas na manga" contra estes profissionais.

Contudo, a detecção da indisciplina pode ser utilizada positivamente, pois ela pode ser educativa para o bem de todos.

A detecção da indisciplina pode ser utilizada positivamente, pois ela pode ser educativa para o bem de todos. A gestão da indisciplina pode ser educativa, pois ela pode gerar reflexão para se nortear os rumos a seguir no futuro, fazendo todos refletirem sobre suas práticas, aperfeiçoando seus planos de ação. Precisa-se saber minuciosamente porque e em que contextos os casos se repetem. Faz-se necessário realizar um estudo etnográfico nas escolas. Estudar todas as minúcias que, em análise superficial, são ignoradas, entretanto são fundamentais para sua eficiente prestação de serviço. E sobre esse aspecto muitas escolas estão aquém de suas funções e competências, pois se preocupam apenas em transmitir conhecimentos sistematizados aceitos como científicos, e não param para ouvir.

Contudo, deve-se haver muito tato na lida com a indisciplina, pois, ora ela deve ser suprimida – quando se percebe que foi gerada apenas para confundir, – ora ela deve ser ouvida, porque indisciplina gera disciplina. A disciplina imposta para escolares com finalidade única de controle sobre os corpos produz vítimas em vez de atores, fabrica vítimas de um sistema reprodutor de relações injustas, o que os tornam violentos contra o mesmo sistema que os produziu. Nesse caso, a disciplina não é educativa, é repressora. Esse tipo de disciplina exigida na escola não gera qualidade de aprendizagem nos alunos, ela só é gerida simplesmente por uma questão de *status quo*. A escola enquanto instituição se acomodou na recusa dos conhecimentos construídos e reformulados. O novo causa insegurança e demanda trabalho, por isso o autoritarismo e as intervenções coercitivas tornam-se mais práticas no dia a dia, tornando mais cômodo optar pelo ensino formal e livresco. Por isso, alguns pesquisadores propõem o fim do autoritarismo, da coerção e da submissão nos meios escolares, preconizando uma educação libertadora, cujos modelos disciplinares valorizem a autodisciplina, a participação consciente, responsável e crítica (OLIVEIRA, 2002). Busca-se eliminar a repressão e o autoritarismo da educação e instaurar uma pedagogia que promova a autonomia e a independência, com definições de papéis no espaço familiar e escolar (LONGAREZI, 2001).

Este estudo constatou que a (in) disciplina em meio escolar é construída socialmente, relaciona-se com o processo histórico e cultural em que seus praticantes estão inseridos e tem seus condicionantes, engendrados, em maior ou menor grau, em dois polos.

O primeiro é de nível *lato sensu* e é inerente ao mundo contemporâneo. O conhecimento (sistematizado) transmitido da forma que se propõe em salas de aula é autoritário e ultrapassado. As informações que o professor passa no quadro de giz – tão estratégico para estabelecer a ordem na aula – está disponível na internet a qualquer hora do dia. Soma-se a isso o ideal de democratização de escola e de seus processos históricos de acesso à educação formal e de direitos de todos à permanência nela; somados à complexidade de um mundo globalizado, profundamente alterado em suas relações sociais, comunicacionais e de trabalho. Há uma crise de valores: os indisciplinados questionam sobre o porquê de algo que se faz tão necessário nas relações, enquanto outras não. Vive-se uma fase de crise institucional. É fato, o século 21 chegou. Estamos perplexos com as novidades do *Admirável mundo novo*. Para as nossas últimas gerações, não basta 'mandar fazer'. As novas gerações interessam-se pelo 'como fazer' e 'para quê fazer': é a fase da metalinguagem. Chegamos ao fim do Moderno.

O segundo é de nível *stricto sensu* e articula-se às condições histórico-culturais que subjazem do contexto escolar em que os sujeitos estão envolvidos. A contextualização referida envolve desde os contextos histórico-culturais da comunidade em que a instituição escolar está inserida às condições técnico-operacionais de funcionamento da rede (a cultura escolar) que recebe seus pupilos. Todo mundo opina sobre ela, mas ninguém quer compromissos sérios para com ela. Não querem compromissos sérios, porque entendem que a escola pública não gera mais-valia para o capital direto. O financiamento da Educação Básica no Brasil e a real aplicação a seu destino final ainda é uma verdadeira "caixa-preta". A escola ainda funciona como "máquina" de capital social, sob a égide de poderes políticos e religiosos. A escola tornou-se obsoleta para uma sociedade que perdeu seus vínculos afetivos entre seus indivíduos.

Na contemporaneidade, há o advento de um novo paradigma de disciplina, e este ainda não foi verificado nas escolas. Na sociedade do conhecimento (da informação ou de qualquer outro nome que se queira chamar), a indisciplina adquire um novo sentido epistemológico. O termo disciplina desvincula-se do conceito de sacrifício, dispositivos para fazer valer o poder e autoridade para o campo conceitual de adequar-se às normas reguladoras, estar de acordo com regulamentações, contratos, termos de garantia, termo de adesão. Em tempos de mudanças de paradigmas, à disciplina reservam-se conceitos como normatizar ações, criar hábitos por meio de atitudes expressos em ações na experiência subjetiva em processos contínuos de aprendizagens consciente e autônoma.

Em acordo com Paro (1997), os determinantes econômicos, sociais, políticos e culturais das comunidades das camadas populares e suas respectivas condições objetivas de existência – articuladas por interesses autoritários advindos de uma sociedade autoritária somados aos condicionantes materiais, institucionais e ideológicos propulsores do autoritarismo na escola – dificultam o estabelecimentos de relações democráticas no meio escolar. A participação da comunidade (conjunto de pessoas formadas por pais/famílias usuários efetivas ou em potencial dos serviços escolares públicos) constituiria condição objetiva de gestão democrática de educação escolar com qualidade (p. 17-27).

Esta pesquisa averiguou que o fenômeno da indisciplina em meio escolar, assim como seu condicionante principal, tem raízes em manifestações de contextos diversos. No entanto, mais que fatores econômicos e sociais, e relacionados à participação da comunidade e condicionantes relacionados à autoridade do professor, estão os fatores imbricados nos processos institucionais e pedagógicos organizados em formas de gestão.

As formas de gestão em que os processos educacionais escolares estão imbricados geram a operacionalização de comportamentos indisciplinados motivados pela identificação com a normalidade vigente em meio escolar que, relacionam-se, entre outros fatores, com a questão da identidade. A busca de identidade e de sensação de pertencimento do discente em meio escolar potencializam suas ações. A indisciplina é praticada com mais frequência nas salas de aula quando a desordem, de certa maneira, faz parte do contexto escolar tornando-a uma prática normal, por isso possível de ser repetida produzindo a cultura da incivilidade. A ausência de uma gestão das relações acompanhada com a ausência de uma gestão participativa em meio escolar, favorece ao sujeito potencialmente indisciplinado constituir uma identidade indisciplinada já que este não quer ser "o diferente". Tais constatações nos fazem refletir sobre a questão de que a identidade indisciplinada está relacionada com a norma estabelecida pelo grupo local que, livre de uma gestão, configura-se um *habitus* desencadeado sempre que os sujeitos se encontram em local determinado, afetados pelo condicionamento daquilo que os identificam.

Para Maher (2001), "ao falarmos de identidade não estamos falando de essência alguma". Identidade é uma constante construção e reconstrução de arquétipos culturais que visam fazer intersecção com o outro em busca da sensação de pertencimento (p. 1.160). Dessa maneira, com práticas afins, ocorre-se a interação, desencadeando novas possibilidades de compreensão entre eles, geradas pela sensação de pertencimento. Esse mecanismo configura uma identidade ao discente indisciplinado. É, portanto, na relação com diferentes pares que o sujeito se constrói; é nas práticas discursivas que o sujeito emerge e é revelado. Eis o motivo da contradição em que os sujeitos se dispõem enquanto operantes e, contraditoriamente – como detectado nesta pesquisa – concordam com as sanções. Ou seja, é também pelo uso da linguagem que as pessoas constroem e projetam suas identidades. O sujeito indisciplinado se utiliza da linguagem para elaborar seu discurso de poder utilizando-se de seu próprio instrumento, sua linguagem aversiva e violenta para comunicar sua concordância ou aversão aos fatos sociais e aos problemas frente ao grupo social a que pertence ou que não se sente pertencente a ele. "A construção da identidade não é exclusivo de língua alguma, embora ela seja, sempre, da ordem do discurso" (MAHER, 2001, p. 135) e, por isso, interativa e social.

A constante construção e reconstrução de arquétipos culturais formadores de identidades nos indivíduos a que se referiu Maher (2001) remetem-nos ao problema da crise de identidade, que, grosso modo, ocorre quando os meios formadores de educação – que não é somente a escola – não tem como preocupação central o seu projeto educativo à formação do cidadão (ético e moral).

Historicamente, o jovem brasileiro passa por uma crise de identidade, pois, na formação de seu *ethos,* falta-lhe o espelho[20] na formação de seu *ethos*. Seus heróis já não são mais os mesmos. A velocidade da comunicação em tempos de tecnologia da informação traz em tempo real fatos em cujos desfechos a impunidade e a corrupção os acompanha. Não é fácil para as últimas gerações escolherem um caminho a seguir. O país da impunidade e da corrupção sonegou a ideia de que é "legal" ser "correto" e que o "crime" não compensa. Advindos do narcotráfico internacional os meios de comunicação de massa "vendem" a imagem de ostentação e vulgaridade como sinônimos de poder. Para mudar a cultura escolar torna-se necessário, antes de tudo, mudar a cultura de toda uma sociedade.

As relações culturais estabelecidas nos grupos sociais só poderão ser entendidas por meio da compreensão da cultura de quem a produziu, pois ela define os conceitos e preconceitos concebidos por uma comunidade comunicativa. Na contemporaneidade, quando se

---

20. Termo lacaniano visto em: O estádio do espelho como formador da função do [eu] tal qual nos é revelada na experiência psicanalítica. In: LACAN, Jacques. Comunicação no XVI° *Congresso Internacional de Psicanálise*, Zurich, 17 jun. 1949.

constata a crise do modelo de família, a cultura da mídia, configura a mais influente fornecedora de códigos de convivência e relações. Promotores de visões de mundo exercem verdadeiros desencadeadores de ações e reações vivenciados nos processos de relações e intervenções.

A disciplina deve ser gerada juntamente pela escola e pela sociedade para se achar a melhor maneira de ser disciplinado para então disciplinarizar-se. E isso demanda uma postura ética na geração de consciência de que a educação de uma sociedade não cabe somente à escola, por mais que se atribua a ela o poder único e exclusivo de uma educação, esquecendo-se de delimitá-la como educação escolar; sabe-se que, na prática, à escola, concebida do jeito que está, resta a educação escolar que se refere à educação formal reprodutora de conhecimentos sistematizados. Seria garantido que práticas desenvolvidas na escola possam interferir nas relações sociais? A intervenção da realidade seria o ideal para a função da escola. Função social que nunca lhe caberá o sucesso, se não por meio de uma mudança cultural da sociedade cujas transformações se façam necessárias por meio de uma mudança de costumes. Caso contrário, o discurso da escola continuará um diálogo entre surdos. Além disso, ela somente pode transformar a sua própria realidade quando a torna disciplinarizante e disciplinadora num constante processo de mudança e inovação de seus próprios projetos.

Dessa forma, disciplinarizar-se envolve o que Paulo Freire expressou ao se referir à disciplina "[...] a disciplina como algo fundamental ao meu crescimento sem o qual eu não vou atrapalhar meu desenvolvimento" (In: D'ANTOLA, 1989, p. 5).

Ou, como mais adiante disse:

> [...] para mim, toda disciplina envolve autodisciplina [...] a indisciplina é a licenciosidade, é fazer o que quero, porque quero. A disciplina é fazer o que posso, o que devo e o que preciso fazer (Idem, p. 12).

A complexidade da disciplina e da indisciplina em meios escolares se dá devido à autonomia do sujeito que deve ser construída criticamente. A escola pode fazer seu papel de educadora, no entanto ela não constitui uma ilha no meio do oásis. Ela aguarda também uma mudança de concepção de escola que – num projeto sólido de sociedade – deve buscar formas de tornar seus indivíduos sujeitos de sua própria história, de sua civilidade e de saída de seu estado de menoridade[21].

A (in) disciplina é de natureza histórica e cultural e sua operacionalização é de natureza subjetiva que passa do plano inter para intrassubjetivo. Dessa forma, constata-se nesta pesquisa que, subjacentes às práticas de indisciplina manifestadas nas relações didático-pedagógicas de sala de aula, estão os condicionantes intraescolares e que, produto das relações sociais, ultrapassa os limites de autoridade docente e varia na dependência dos significados que cada grupo de discentes atribui à escola.

Este estudo demonstra que a subjetividade histórica e cultural dos indivíduos constituintes da comunidade escolar é principal condicionante de (in) disciplina escolar; assim como, os resultados quali-quantitativos aferidos nesta pesquisa aferem que o perfil de gestão escolar – definidora tecnicamente da organização escolar – constitui condicionante imperativo de maximização ou minimização de casos de ocorrência de disciplina ou indisciplina em meio escolares. Os modos de gestão dos serviços operacionalizam as relações estabelecidas na comunidade escolar, influenciando como estas se cristalizam, criando ambiente propício à aprendizagem escolar e consequentemente definindo comportamentos disciplinados ou indisciplinados nesse meio. Para os sujeitos estudados, tornam-se imprescindíveis formas de regulação sobre comportamentos considerados em desacordo com as normas de convivência social no ambiente escolar. A participação de todos os envolvidos no processo educativo escolar é a principal iniciativa na criação de uma cultura de gestão das relações. Formas de credenciamentos e alternativas de sanções/multas para os envolvidos para casos de indisciplina escolar podem sinalizar mudanças desejáveis com intuito de coibir e desestimular práticas de indisciplina com fins de anarquia e criar ambientes propícios de situações ótimas de aprendizagem condizentes com o processo educativo cidadão de ambiente escolar compatível com as normas gerais de civilidade.

A pesquisa também constatou que o diretor de escola – a cultura patriarcal ainda fala mais forte – é a figura mais representativa para impor a autoridade do fazer cumprir obrigações entre os escolares. As

21. Termo utilizado por Kant ao se referir à condição de quem não possui autonomia, isto é, capacidade própria do sujeito ser guiado pela sua própria razão. KANT. O que é ilustração. In: WEFFORT, Francisco (Org.). *Os clássicos da política*. São Paulo: Ática, 1990. V. 2, p. 83-85.

ações do diretor de escola tornam-se mais respeitadas por ser, para eles, autoridade maior do ambiente escolar. A gestão educacional, na representatividade do diretor de escola incumbida da gestão escolar determina não só formas de ensinar, mas formas diferentes de relação pedagógica, com repercussões nos resultados das expectativas de aprendizagem assim como em toda gestão de serviços. Todavia, tanto para aqueles de visão de modelos de educação tradicional quanto para aqueles de visão de educação mais progressistas, os sujeitos desta pesquisa acreditam haver relação intrínseca entre o estabelecimento e o cumprimento de normas e regras de convivência e de organização escolares, sendo estas as mais importantes motivadoras de todo o trabalho escolar. Fazer vista grossa para a indisciplina de discentes na educação escolar configura a negação do papel a que a escola lhe é incumbida. Não obstante, a vida social e, principalmente, a profissional demanda tal civilidade.

> A vida em sociedade pressupõe a criação e o cumprimento de regras e preceitos capazes de nortear as relações, possibilitar o diálogo, a cooperação e a troca entre membros deste grupo social (sobretudo numa sociedade complexa como a nossa). A escola, por sua vez, também precisa de regras e normas orientadoras do seu funcionamento e da convivência entre os diferentes elementos que nela atuam (REGO, 1996, p. 86).

Conforme isso, a necessidade de se trabalhar com normas reguladoras de convivência social torna-se mais que necessária no sentido de formar sujeitos de uma sociedade contemporânea cidadã e participativa. E isso é possível por meio da utilização da disciplina não como imposição de normas e regras para manutenção de poder, mas como condição básica de convivência ética de cidadania e de responsabilidades cujas finalidades cerceiam "a internalização e a obediência a determinadas regras que podem levar o indivíduo a uma atitude autônoma" e, "como consequência, libertadora, já que orienta e baliza suas relações sociais" (REGO, 1996, p. 86).

A negação da escola no fazer disciplinar-se legitima seu fracasso em recusar-se a sua verdadeira finalidade. A observação nas salas de aula, assim como em outros ambientes escolares, constatou que – assim como o respondido nas perguntas feitas em questionários a pais/

responsáveis, docentes e discentes – a aplicação de sanções educativas em casos de indisciplina em escolares reforça negativamente os casos reincidentes, diminuindo consideravelmente a intensidade de tais comportamentos entre os mesmos. Esses mecanismos tornam-se ainda mais eficazes quando a aplicação é acompanhada por processo de mediação (dialógico) em que se estabelece a reflexão sobre os atos praticados com os envolvidos, gerando uma necessidade do fazer respeitar para o melhor desempenho na aprendizagem e melhor convivência com o outro. De acordo com o verificado nesta pesquisa, os discentes são concordantes com a constatação de que as condutas indisciplinares em meio escolar não condizem com o projeto de educação com a qual a escola se projeta a realizar que é a transmissão do conhecimento científico e sistematizado. Por isso, os sujeitos pesquisados apontam que a indisciplina em meio escolar deve ser combatida para que se garantam espaços favoráveis de aprendizagem. A indisciplina em meio escolar, dessa forma, não é entendida como virtudes ou vontade de ousar. Ela é entendida como perturbação à ordem. Os indivíduos pesquisados também sinalizam que o melhor contrato pedagógico para o bom funcionamento das mediações nas salas de aulas é aquele firmado pela escola – por meio da execução de sua proposta pedagógica enquanto projeto de trabalho coletivo, que fornecerá subsídios para a elaboração de seus regimentos internos – e não somente os realizados pelos professores – de ordem pessoal – nos chamados contratos pedagógicos de aula. A exigência do fazer cumprir extrapola a ordem pessoal dos gostos e simpatias para o dever cumprir as regras normalizadoras da instituição a quem todos estão sujeitos. A escola não pode ser um "mercado livre" onde os professores são produtos expostos – que como em leilões – sempre estão na situação de "quem dá mais". Essa reflexão remete-nos à ideia de 'contrato didático'. Essa concepção política leva-nos a crer que o contrato didático (isso parece funcionar para as professoras das séries iniciais do ensino básico) feito em salas de aula não constitui uma "boa prática" (ao contrário do que dizem os amantes do 'piagetismo', ao falar sobre a formação para a cidadania), pois não desenvolve a autonomia responsável nos discentes, educando-os para a "docilidade". Essa prática parte do princípio de que as responsabilidades são desenvolvidas com base em afeições pessoais, em que as responsabilidades são estimuladas devido aos vínculos pessoais (gênese potencial da corrupção) nos indivíduos.

A criação de responsabilidades que não se firma por um dever maior de projeto institucional, mas apenas no nível didático do professor, acaba gerando apenas um compromisso pessoal que passa pela relação individual transformando as responsabilidades a serem desenvolvidas nos educandos em mera ação de empatia. No 'contrato de aula' o 'fazer cumprir' é motivado pela obrigação de agradar ao professor, e não por um compromisso maior, institucional, assim como o é nos contratos sociais. O uso de normas reguladoras da instituição em vez de 'contratos de aula' favorece que o professor, enquanto profissional, trabalhe a conscientização de valores – não estimulando o tratamento desigual, desfavorecendo a cultura do "toma-lá-dá-cá", historicamente inerente à cultura brasileira –, o que acaba colaborando para a formação de cidadãos críticos de uma sociedade pautada por princípios éticos para o exercício da cidadania participativa como um todo.

A criação de normas reguladoras, como condição necessária ao convívio social na escola assim como é em qualquer sociedade, faz a escola cumprir seu papel de educadora na construção de um novo sujeito histórico. "Neste paradigma, o disciplinador é aquele que educa, oferece parâmetros e estabelece limites" (REGO, 1996, p. 86). O exercício da prática de cidadania responsável desencadeado pelas práticas de gestão escolar possibilita que o aluno aprenda a situar-se no mundo de maneira que adquira conhecimentos úteis e aprendam a trabalhar com informações de complexidade gradativas e contraditórias da realidade social, econômica, política e científica (LUCK, 2000, p. 8).

No entanto, os processos de democratização dos acessos aos saberes e as múltiplas formas de processar o conhecimento advindo da sociedade da informação torna a escola uma instituição ultrapassada. Nesse contexto, surgem novas questões cabíveis à ciência da educação, entre elas 'fazer saber' o papel da escrita na formação de "melhores" sujeitos para a educação que se quer construir. O conhecimento disponibilizado na educação escolar como informação a ser transmitida, enquanto conhecimento estático, não tem sentido para a construção de uma escola cidadã. Informação por informação pode ser encontrada na internet. A *web* possui acessos muito mais sofisticados e atraentes. A escola aprendente como *locus* privilegiado de aprendizagem e vivências de cidadania, cuja proposta emerge dos processos disciplinares arraigados ao sujeito concreto, torna-se mais que urgente. A sociedade contemporânea faz surgir um indivíduo que é sujeito de sua própria realidade, tornando a indisciplina em meio escolar um indicativo do advento desse novo sujeito histórico. A midiatização dos novos significados ultrapassa a fala do professor ou da mera convivência em sala de aula e emerge em espaços reais e dinâmicos, tornando não somente ela (a sala de aula), mas toda a escola, um palco de aprendizagem e convivência.

Novas demandas da contemporaneidade remetem aos meios escolares outras demandas e valores que suscitam preparo profissional que se arraigam da necessidade de operacionalidade, pois

> O aluno não aprende apenas na sala de aula, mas na escola como um todo: pela maneira como a mesma é organizada e como funciona; pelas ações globais que promove; pelo modo como as pessoas nela se relacionam e como a escola se relaciona com a comunidade, pela atitude expressa em relação às pessoas, aos processos educacionais e sociais, pelo modo como nela se trabalha, dentre outros aspectos (LUCK, 2000, p. 8).

O novo paradigma de disciplina em ascensão propõe uma reflexão a cerca da definição de disciplina mais próxima de um debate contemporâneo cujo conceito se ampara na questão da autonomia moral pautada no princípio dialético. Na relação dialética há um peso e duas medidas, que serão arrolados num novo refazer histórico, eliminando a tensão de superação e mantendo o equilíbrio. Com essa característica, os processos de disciplinarização são conscientes e interativos e se harmonizam no processo de autoregulação do sujeito ou do grupo, que se dá na interação social e pela tensão dialética de adaptar-se para se atingir um objetivo em cujo contexto de gestão de educação escolar democrática não deve ceder à ânsia do lucro, representada nos lobbies de interesses pessoais ou mercadológicas sobreposta à razão e aos interesses comuns da sociedade como um todo (PARO, 2001, p. 54). E dessa forma saber que

> A disciplina [...] significa a capacidade de comandar a si mesmo, de se impor aos caprichos individuais, às veleidades desordenadas, significa, enfim, uma regra de vida. Além disso, significa a consciência da necessidade levemente aceita, na medida em que, que é reconhecida como necessária para que um organismo social qualquer atinja o fim proposto (VASCONCELOS, 1996, p. 40).

A definição de disciplina que demanda a contemporaneidade engloba um conceito que não se baseia na formação de corpos dóceis (Foucault), quando se disciplina para a submissão, numa demanda de poder, mas se pauta em uma postura ética que se exercita para si, para seu próprio bem, sem necessariamente prejudicar o outro. Esse novo paradigma de disciplina tem suas raízes na autonomia moral pautada no comportamento ético do estado de direito e de bem-estar social (Chauí). O sujeito formado para viver na sociedade de estado de direito é aquele que está preparado para viver a liberdade, não perdendo de vista sua condição de sujeito ético e moral. O sujeito ético e moral é aquele que não prioriza o pessoal em detrimento a outrem. Em outras palavras, é aquele que age de maneira responsável. É aquele que age de maneira idônea dentro de um paradigma de operação sustentável. Nesse campo reside a autonomia do sujeito. A autonomia do sujeito é a capacidade que o indivíduo tem de refletir sobre si mesmo, de construir sua própria identidade num processo de construção responsável de seus projetos tendo a imagem de si próprio como contraponto daquilo que lhe é exterior, a consciência do outro.

O sujeito ético e moral adquire autonomia sempre balizado pelo que é justo. O sujeito autônomo sabe tomar decisão e reconhece suas consequências de cada escolha. O sujeito ético e moral sempre se utilisa de sua autonomia para tomar uma decisão justa. O justo nessa perspectiva é o conveniente para si e para os outros. Nesse tipo de sujeito não lhe convém tirar proveitos próprios em detrimento aos outros, pois sempre lhe cabe em situações de conflitos o uso da boa medida do que seria justo para ele e para os demais; livre do egoísmo opera-se a empatia e a justiça. Assim, o tema deixará de ser complexo e, no manejo educacional que envolve o meio escolar, haverá um consenso sobre o fato de que a disciplina, seja ela entendida como for, é condição *sine qua non* para se realizar qualquer trabalho educativo.

O mundo contemporâneo pede uma educação escolar que saia dos bancos escolares e contracene com as práticas sociais. É preciso falar não mais em educação, mas em educações: educação ambiental, educação para o trânsito, educação religiosa, educação alimentar, educação sexual, educação moral, educação ética, educação sustentável. Nessa perspectiva, a educação escolar sairá dos bancos escolares e eclodirá em todas as dimensões humanas.

Após estudos levantados e casos analisados na pesquisa apresentada neste livro, mensuramos que a indisciplina é produto social de contextos históricos em que os indivíduos estão inseridos. No que diz respeito à manifestada em meio escolar, o seu aparecimento é natural e deve servir como aprendizagem de 'autonomia moral' dos próprios indivíduos e da própria comunidade escolar. Pois,

> Se queremos uma escola transformadora, precisamos transformar a escola que temos ai. E a transformação dessa escola passa necessariamente por sua apropriação por parte das camadas trabalhadoras. É neste sentido que precisa ser transformado o sistema de autoridade e a distribuição do próprio trabalho no interior da escola (PARO, 1987, pp 51-53).

Promover a gestão da disciplina em meio escolar é competência da educação escolar na tarefa compartilhada profissional de educar.

A gestão da (in) disciplina pode detectar pistas de que a indisciplina pode ser indicadora do advento de um novo sujeito histórico, com novas demandas e valores – legítima força de resistências à produção de novos significados – que emergem numa ordem de produção e reprodução do conhecimento inseridos num modelo de escola despreparada para absorvê-los, incapaz de acompanhar as transformações concretas de seu tempo. Compreender os processos disciplinares e indisciplinares desencadeados pelos indivíduos a partir da abordagem histórico-cultural significa reconhecer seus agentes enquanto sujeitos de uma cultura, relativamente aceita, constituída nos mecanismos interacionais coletivos, mecanizados pelo comportamento volitivo, composto de significação, protagonizado em constantes processos de criação, recriação e reinterpretação de visões de mundo.

Na concepção dos indivíduos estudados, na educação escolar, – enquanto instância participativa da educação formal de sujeitos autônomos, – a averiguação da indisciplina é condição preponderante para a manutenção de um ambiente propício à aprendizagem do conhecimento formal. A (in) disciplina no meio escolar é condicionante preponderante para a (in) disciplina na sala de aula. A gestão da administração escolar manifestada em formas de organização e comunicação entre seus participantes é decisiva na gestão da sala de aula e seus resultados na aprendizagem do conhecimento escolar. Assim, de acordo com os indivíduos estudados, as escolas deverão promover maneiras de regulamentarem regimentos disciplinares – natural em qualquer sociedade – a fim de estabelecer regras de controle pautadas por múltiplas coerções que produzam efeitos regulamentados e regulamentadores de controle social sobre os indivíduos nestes meios.

Ao se verificar a necessidade de controle sobre as atividades indisciplinares nos principais atores – agentes e vitimados –, como principais sujeitos de demanda nos processos escolares, compreende-se a "consciência" da necessidade de tal realização. Ao observar, contraditoriamente, nos próprios sujeitos estudados e praticantes da (in) disciplina a constatação de que (estes mesmos sujeitos) sentem a necessidade de que sejam monitorados pela ação reguladora, depreende-se *sui generis*, a necessidade de que atitudes indisciplinares sejam suprimidas. Assim, conclui-se que as reais motivações de propensão de (in)disciplina em meio escolar relacionam-se estreitamente com a forma de gestão em que os processos educacionais estão imbuídos na dinâmica escolar aos quais se exigem respostas concretas na resolução de problemas.

REFERÊNCIAS

ALMEIDA, R. C. *Dicionário etimológico da língua portuguesa*. São Paulo: Editora Nacional, 1976.

ANDRADE, S. T. P. *Indisciplina escolar*: um estudo exploratório sobre a relação família e escola. 2001. 147 f. Dissertação (Mestrado em Educação), Faculdade de Filosofia e Ciências, Universidade Estadual Paulista Júlio de Mesquita Filho. Marília, 2001.

AQUINO, Júlio Groppa. A indisciplina e a escola atual. *Revista Faculdade de Educação*, São Paulo, v. 24, n. 2, p. 181-204, jul./dez. 1999.

______. A violência escolar e a crise da autoridade docente. *Cadernos CEDES*, Campinas, v. 19, n. 47, p. 7-19, dez. 1998.

______. A desordem na relação professor-aluno: indisciplina, moralidade e conhecimento. In: AQUINO, Júlio Groppa. (Org.). *Indisciplina na escola*: alternativas teóricas e práticas. São Paulo: Summus, 1996.

AQUINO, Júlio Groppa. (Org.). Autoridade e Autonomia na escola: alternativas teóricas e práticas. São Paulo: Summus, 1999.

BECHARA, Evanildo. *Dicionário da Língua Portuguesa Evanildo Bechara*. 1. ed. Rio de Janeiro: Nova Fronteira, 2011.

BIRMAN, Joel. O mal-estar na modernidade e a psicanálise: a psicanálise à prova do social. Physis, Rio de Janeiro, 2009. Disponível em: http://www.scielo.br/scielo.php?script=sci_arttext&pid=S010373312005000300010&lng=en&nrm=iso. Acesso em: 3 abr. 2009.

BORBA, Francisco S. (Org.). *Dicionário Unesp do português contemporâneo*. Curitiba: Piá, 2011.

BRASIL. *Lei n. 9.394, de 20 de dezembro de 1996*. Estabelece as Diretrizes e Bases da Educação Nacional. Disponível em: http://www.planalto.gov.br/ccivil_ 03/LEIS/L9394.htm. Acesso em: 3 mar. 2014.

______. *Plano Decenal de Educação para Todos*. Brasília: MEC, 1993.

BRITO, C. *A indisciplina na educação física escolar*. Dissertação (Mestrado em Educação). Universidade Tuiuti do Paraná, Curitiba, 2007.

BRONOWSKI, Jacob. *As origens do conhecimento e da imaginação.* Brasília: UnB, 1985. (Pensamento Científico, 13).

BURKE, Peter. *História e teoria social.* São Paulo: Unesp, 2002.

CAMACHO, L. M. Y. *Violência e indisciplina nas práticas escolares de adolescentes.* 2000. 276 f. Tese (Doutorado em Educação), Faculdade Educação, Universidade de São Paulo, São Paulo, 2000.

CARRAHER, T. N.; SCHLIEMANN, A. D. ; CARRAHER, D. W. *Na vida dez, na escola zero.* São Paulo: Cortez, 1988.

CARVALHO, J. S. F. Os sentidos da (in) disciplina: regras e métodos como práticas sociais. In: AQUINO, J. G. (Org.). *Indisciplina na escola*: alternativas teóricas e práticas. São Paulo: Summus, 1996.

CASTILHO, T. C. *A virtude e a disciplina na escola a partir de uma leitura psicológica* – um estudo empírico com base no modelo teórico de Kohl Berg. 2001. 143 f. Dissertação (Mestrado em Educação), Faculdade de Filosofia e Ciências, Universidade Estadual Paulista Júlio de Mesquita Filho, Marília, 2001.

CHARLOT, Bernard. A violência na escola: como os sociólogos franceses abordam esta questão. Traduzido do original em Francês por Sônia Taborda. *Sociologias*, Porto Alegre, ano 4, n. 8, p. 432-443, jul./dez. 2002.

CHERVEL, A. História das disciplinas escolares: reflexões sobre um campo de pesquisa. *Teoria e Educação.* Porto Alegre, n. 2, p. 177-229, 1990.

COLE, M.; SCRIBNER, S. JOHN-STEINER, V; SOUBERMAN, E. Introdução. *A formação social da mente*: O desenvolvimento dos processos psicológicos superiores - L. S. Vigotski . Tradução José Cipolla Neto, Luís Silveira Menna Barreto, Solange Castro Afeche. 6. ed. São Paulo: Martins Fontes, 2000. p. 1-19.

CONSTITUIÇÃO DA REPÚBLICA FEDERATIVA DO BRASIL. Promulgada em 5 de outubro de 1988. Título II, capítulo 1, Artigo 5º, Seção 1; Título VIII, Capítulo III, Seção I (Artigos 205 a 214). São Paulo: Jalovi, 1989, p. 13; 145-149.

CORTI, Ana Paula. *Violência e indisciplina no cotidiano da escola pública*: jovens expectadores, vitimados e agentes de agressões. Dissertação (Mestrado), Universidade Federal de São Carlos, São Carlos, 2002.

CORSI, Adriana Maria. Professoras iniciantes: situações difíceis enfrentadas no início da prática docente. In: REUNIÃO ANUAL DA ASSOCIAÇÃO NACIONAL DE PÓS-GRADUAÇÃO E PESQUISA EM EDUCAÇÃO, 2005, Caxambu. *Anais*... Caxambu: Anped, 2005. p. 1-15. Disponível em: http://www.anped.org.br/reunioes/28/gt08.htm. Acesso em: 14 fev. 2008.

CIVITA, Victor (Ed.). Os Pensadores: *Espinosa*. 3. ed. São Paulo: Abril Cultural, 1983.

CUNHA, Antônio Geraldo. *Dicionário Etimológico da Língua Portuguesa*. São Paulo: Nova Fronteira, 1997.

DANTAS, Heloísa. A construção da pessoa: direções e dimensões. *Revista de Educação* AEC, n. 119, p. 103-109, 2001.

______. A afetividade e a construção do sujeito na psicogenética de Wallon. In: LA TAILLE, Yves; OLIVEIRA, M. K. São Paulo: Summus, 1992.

D'ANTOLA, Arlette (Org). Dialogando sobre disciplina com Paulo Freire. In: *Disciplina na escola:* autoridade versus autoritarismo. São Paulo: EPU, 1988.

DEBARBIEUX, E. *Violência na escola: um desafio mundial?* Lisboa: Instituto Piaget. 2007.

______. A violência na escola francesa: 30 anos de construção social do objeto (1967-1997). *Educação e Pesquisa*, São Paulo, vol. 27, n. 1, p. 163-193, jan./jun. 2001.

______. *A violência em meio escolar*. Paris: E.S. F, 1996

DELEUZE, Gilles. *Conversações*. Rio de Janeiro: 34 Letras, 1992.

DUARTE, Newton. *Educação escolar, teoria do cotidiano e a escola de Vigotski*. 2. ed. Campinas: Autores Associados, 1999. (Coleção Polêmicas do Nosso Tempo, 55).

DUBET, François. A formação dos indivíduos: a desistitucionalização. *Contemporaneidade e educação*. v. 3, ano 3, p. 27-33, 1998.

______. Quando o sociólogo quer saber o que é ser professor: entrevista com François Dubet. *Revista Brasileira de Educação*, São Paulo, n. 5, maio/ago. 1997.

______. *Sociologia da experiência*. Tradução F. Tomaz. Lisboa: Instituto Piaget, 1996.

DE LA TAILLE, Yves. A indisciplina e o sentimento de vergonha. In: AQUINO, Júlio G. (Org.). *Indisciplina na escola*: alternativas teóricas e práticas. São Paulo: Summus, 1996.

DEWEY, J. *Pode compartilhar a educação na reconstrução social?* 1934. p. 205-209.

______. A criança e o currículo (1902) In: Southern Illinois. UNIVERSIDADE. *Obras Média de John Dewey*, v. 2 Carbondale: Southern Illinois in: Southern Illinois University. Obras *Posteriores de John Dewey, v. 9*. Carbondale: Southern Illinois University Press, 1986 (Obras Completas de John Dewey) - University Press, 1976. (Obras de John Dewey coletado). p. 271-291.

DURKHEIM, E. *A educação moral*. Petrópolis: Vozes, 2008.

______. *A evolução pedagógica*. Tradução Bruno Charles Magne. 2. reimp. Porto alegre: Artes Médicas, 1995.

______. *Educação e sociologia*. 11. ed. São Paulo: Melhoramentos, 1978.

ESTRELA, M. T. *Relação pedagógica, disciplina e indisciplina na aula*. Portugal: Porto, 1994.

______. *Relação pedagógica, disciplina e indisciplina na aula*. Porto: Porto Codex, 1992.

ELIAS, Norbert. *O processo civilizador*: uma história dos costumes. Tradução de Ruy Jungmann. Rio de Janeiro: Zahar, 1939.

FARJADO, Maxwell Pinheiro. *Pentecostais, migração e redes religiosas na periferia de São Paulo*: um estudo do bairro Perus. Dissertação (Mestrado em Ciências da Religião), Faculdade de Humanidades e Direito, Programa de Pós-Graduação em Ciências da Religião da Universidade Metodista de São Bernardo do Campo, 2011.

FOUCAULT, Michel. *Vigiar e punir*: nascimento da prisão. Tradução de Raquel Ramalhete. 29. ed. Petrópolis: Vozes, 2004.

______. *Microfísica do poder*. 16. ed. Rio de Janeiro: Graal. 2001.

______. *Microfísica do poder*. 15. ed. Rio de Janeiro: Graal, 2000.

______. *A verdade e as formas jurídicas*. Rio de Janeiro: Nau, 1996.

______. *Vigiar e Punir*. 21. ed. Petrópolis: Vozes, 1987.

______. *Vigiar e punir: história da violência nas prisões*. 5 ed. Rio de Janeiro: Gra-al, 1985.

______. *As palavras e as coisas*. 3. ed. São Paulo: Martins Fontes, 1985.

______. *História da loucura na Idade Clássica*. São Paulo: Perspectiva, 1978.

______. *História da sexualidade I, A Vontade de Saber*. Rio de Janeiro: Graal, 1977.

FREIRE, Isabel Maria Pimenta Henriques. *Percursos disciplinares e contextos escolares*: dois estudos de caso. Tese (Doutorado em Ciências da Educação), Faculdade de Psicologia e de Ciências da Educação, Universidade de Lisboa, Lisboa, 2001.

FREIRE, Paulo. *Educação e mudança*. Tradução de Moacir Gadotti e Lilian Lopes Martin. 25. ed. São Paulo: Paz e Terra, 2001.

FRELLER, C. C. *Histórias de indisciplina escolar:* um trabalho de um psicólogo numa perspectiva Winnicottiana. São Paulo: Casa do Psicólogo, 2001.

GADOTTI, Moacir. *Concepção dialética da educação*. São Paulo, Cortez, 1983.

GARCIA, J. Indisciplina e desenvolvimento do pensamento moral. Notas de aula. Curitiba: Universidade Tuiuti do Paraná, 2007. Disponível em: http: www.pucpr.br/eventos/educere/educere2007/.../arquivos/CI-032-07. pdf.

______. Notas sobre o conceito de disciplina. In: SEMINÁRIO INDISCIPLINA NA EDUCAÇÃO CONTEMPORÂNEA (Ed. 2), 2006, Curitiba. *Anais*; Curitiba: UTP, 2006. p. 69-84.

______. Gestão da indisciplina na escola. In: XI COLÓQUIO DA AFIRSE/AIPELF. *Indisciplina e Violência na Escola*. Universidade de Lisboa, Lisboa, nov. 2002, p. 375-381.

GHANEM, Elie. *Democracia*: *uma grande escola*: alternativas de apoio à democratização da gestão e à melhoria da educação pública. São Paulo: Ação Educativa/Unicef/Fundação Ford, 1998.

______. (Org.). *Participação popular na gestão escolar*. São Paulo: Ação educativa, 1995.

GILES, Thomas Hanson. *História da educação*. São Paulo: EPU, 1987.

GROPPO, Luís Antônio; MARTINS, Marcos Francisco. *Introdução à pesquisa em educação*. 2. ed. Piracicaba, SP: Biscalchin, 2007.

HELLER, Agnes. *Para mudar a vida*. São Paulo: Brasiliense, 1982.

ISSLER, D.; CARVALHO, R. C. T. (Org.). MARTINS, S.D. (Coord.); SILVA, A. B. B. (P.T.). *Bullying: projeto Justiça nas Escolas*. Conselho Nacional de Justiça. Secretaria da Educação do Estado São Paulo. São Paulo: Fundação para o Desenvolvimento da Educação, 2011.

JOHNSON, Allan G. *Dicionário de Sociologia*: guia prático da linguagem sociológica. Tradução Ruy Jungmann. Consultoria Renato Lessa. Rio de Janeiro: Zahar, 1997.

KANT, Immanuel. *Sobre a pedagogia*. Tradução de Francisco Cock Fontanella. Piracicaba: Unimep, 1996.

_______. Fundamentação da metafísica dos costumes. In: KANT II. São Paulo: Abril cultural (Pensadores).

LEONTIEV, A. *O desenvolvimento do psiquismo*. Lisboa: Horizonte Universitário, 1978.

LIBÂNEO, José Carlos; OLIVEIRA, João Ferreira; TOSCHI, Mirza Seabra. *Educação escolar*: políticas, estrutura e organização. 10. ed. São Paulo: Cortez, 2012.

LÚRIA, Alexander Romanovitch. *Desenvolvimento cognitivo*: seus fundamentos culturais e sociais. São Paulo: Ícone, 1994.

_______. A atividade consciente do homem e suas raízes histórico-culturais. In: CURSO DE PSICOLOGIA GERAL I. Rio de Janeiro: Civilização Brasileira, 1977.

_______. Curso de psicologia geral. Rio de Janeiro: Civilização Brasileira, 979. v. 1. Mc Garrigle, J. & Donaldson, M. (1974). Conservation accidents. Cognition, 3, 341-350.

LUCK, Heloísa (Org.). *Em Aberto. Gestão Escolar e Formação de Gestores*, Brasília, v. 17, p. 1-195, fev./jun., 2000.

_______. Introdução. In: LUCK, Heloísa (Org.). *Em Aberto. Gestão Escolar e Formação de Gestores*, Brasília, v. 17, p. 7-10, fev./jun., 2000.

_______. Perspectiva de gestão escolar e implicações quanto à formação de seus gestores. In: LUCK, Heloísa (Org.). *Em Aberto. Gestão Escolar e Formação de Gestores*. Brasília, v. 17, p. 11-33, fev./jun., 2000.

LUKES, Steven. Bases para a interpretação de Durkheim. In: COHN, Gabriel (Org.) *Sociologia*: para ler os clássicos: Durkheim, Marx, Weber. Rio de Janeiro: Azougue, 2005.

LONGAREZI, Andrea Maturano. *Os sentidos da indisciplina na escola*: concepções de professores, equipe técnica e alunos das séries finais do Ensino Fundamental. 2001. 260 f. Tese (Doutorado em Educação), Universidade Estadual Paulista, Faculdade de Ciências e Letras, Araraquara, 2001.

LUZURIAGA, Lorenzo. *História da educação e da pedagogia*. 59. ed. Tradução Luís Damasco Penna e J. B. Damasco Penna. São Paulo: Editora Nacional, 2001.

MAHER, T. M. Sendo índio em portugês... In: SIGNORINNI, I. (Org.). *Língua (gem) e identidade*. Campinas: Mercado das Letras/Fapesp/Faep, 2001. p. 115-38.

MALAVOLTA, L. Z. *Sentido e significado da violência na escola para o aluno de 8ª série*. 2005. 147 f. Dissertação. Mestrado em Educação: Psicologia da Educação. Pontifícia Universidade Católica de São Paulo, São Paulo, 2005.

MARX, Karl. *O capital* – crítica da economia política. Tradução de Reginaldo Santana. Civilização Brasileira. 3. ed. Rio de Janeiro, 1975. p. 41-93.

MARX, K.; ENGELS, Friedrich. *A ideologia alemã*. São Paulo: Martins Fontes, 2001.

_______. *A ideologia alemã* (I Feuerbach). Tradução de José Carlos Bruni e Marco Aurélio Nogueira. 5. ed. São Paulo: Mussite, 1986.

MATTOSO, Glauco. *Calvário dos carecas*. História do trote estudantil. São Paulo: EMW Editores, 1985.

MENDES, F. M. D. Pensando sobre a indisciplina escolar. In: SEMINÁRIO INDISCIPLINA NA EDUCAÇÃO CONTEMPORÂNEA. 4. ed. *Anais*. Curitiba: UTP, 2008. p. 128-137. CD.

MORIN, Edgar. *Os sete saberes necessários à educação do futuro*. Trad. Catarina Eleonora F. da Silva e Jeanne Sawaya. São Paulo/Brasília: Cortez/Unesco, 2000.

_______. *A cabeça bem-feita*: repensar a reforma, reformar o pensamento. Rio de Janeiro: Bertrand Brasil, 2000.

_______. *O paradigma perdido*: a natureza humana. 6. ed. Lisboa: Publicações Europa-América, 2000.

______. *Complexidade e transdisciplinaridade*: a reforma da universidade e do ensino fundamental. Tradução de Edgard de Assis Carvalho. Natal: EDUFRN, 1999.

MORITA, Y. Violência na escola: uma abordagem japonesa. In: DERBARBIEUX, E.; BLAYA, C. (Org.). *Violência nas escolas e políticas públicas*. Tradução Patrícia Zimbres. Brasil: Unesco, 2002.

NORMAS GERAIS DE CONDUTA ESCOLAR. Sistema de Proteção Escolar. Governo do Estado de São Paulo. Secretaria de Educação. Fundação para o desenvolvimento da Educação. São Paulo: FDE, 2009. Disponível em: http://www.fde.sp.gov.br/Arquivo/normas_gerais_conduta_web.pdf. Acesso em: 13 out. 2013

NUNES, T. N., SCHLIEMANN, A. D.; CARRAHER, D. W. *Street mathematics and school mathematics*. New York: W. H. Freeman & Co., 1993.

OLIVEIRA, Maria Izete *Indisciplina escolar*: representação social de professores que atuam no ensino fundamental na cidade de Cáceres – MT. 2002. 175 f. Tese (Doutorado em Educação), Pontifícia Universidade Católica de São Paulo, São Paulo, 2002.

ORTEGA, Rosário; DEL REY, Rosário. *Estratégias educativas para a prevenção da violência:* mediação e diálogo. Trad. Joaquim Ozório. Brasília: Unesco, UCB, 2002. Disponível em: http: unesdoc.unesco.org/imagens/0012/001287/128721 por.pdf. Acesso em: 29 jan. 2010.

OLIVEIRA, M. K. *Vygotsky*: Aprendizado e desenvolvimento: um processo sócio-histórico. São Paulo: Scipione, 1997.

PAIN, Jacques; BARRIER, Émilie; ROBIN, Daniel. *Violences à l'école*: Allemagne, Angleterre, France. Une étude comparative européenne de 12 établissements du deuxième degré.Vigneux: Matrice, 1997.

PARO, Vitor Henrique. *Gestão democrática da escola pública*. São Paulo: Ática, 1997.

______. A utopia da gestão escolar democrática. *Cadernos de Pesquisa*. São Paulo, n. 60, p. 51-53, fev. 1987.

______. O princípio da gestão escolar democrática no contexto da LDB. In: *Escritos sobre educação*. 1. ed. São Paulo: Xamã, 2001.

PAPPA, João Segura. *A (in) disciplina e a violência escolar segundo a concepção de professores do ensino fundamental*. 170 f. Tese (Doutorado em Educação), Universidade Estadual Paulista, Marília, 2004.

PERALVA, Angelina. Escola e violência nas periferias urbanas francesas. *Contemporaneidade e Educação*. Rio de Janeiro, IEC, ano II, n. 2, 1997.

PONCE, Aníbal. *Educação e luta de classes*. Tradução José Severo Camargo Pereira. 15. ed. São Paulo: Cortez, 1996.

PORTO, Maria do Rosário S.; TEIXEIRA, Maria Cecília S. *Perspectivas para a gestão escolar*. São Paulo: Feusp, 1999 (mimeo)

PIAGET, Jean. *O juízo moral da criança*. São Paulo: Summus, 1994. (Orig. 1932)

______. *La naissance de I'intelligence chez Iènfant*. Neuchatel et Paris: Delachaux et Niestle, 1936.

PINO, Angel. Violência, educação e sociedade: um olhar sobre o Brasil contemporâneo. *Educação e Sociedade*, Campinas, v. 28, p. 763-785, 2007.

______. Ensinar-aprender em situação escolar: perspectiva histórico-cultural. *Contrapontos*, Itajaí, v. 4, n. 3, p. 439-460, set./dez. 2004.

REGO, Teresa Cristina. A indisciplina e o processo educativo: uma análise na perspectiva vigotskiana. In: AQUINO, Júlio Groppa (Org.). *Indisciplina na escola*: alternativas teóricas e práticas. São Paulo: Summus, 1996. p. 83-101.

______. *Vygotski*: uma perspectiva histórico-cultural da educação. 2. ed. Petrópolis: Vozes, 1995.

RODRIGUES, L. A. *A violência em sala de aula, na percepção de alunos de oitava série do ensino fundamental de uma escola de confissão religiosa*. 2003. 119 f. Dissertação (Mestrado em Educação: Psicologia da Educação), Pontifícia Universidade Católica de São Paulo, São Paulo, 2003.

ROURE, Susie Amâncio Gonçalves Concepções de indisciplina escolar e limites do psicologismo na educação. In: REUNIÃO ANUAL DA ASSOCIAÇÃO NACIONAL DE PÓS-GRADUAÇÃO E PESQUISA EM EDUCAÇÃO. *Anais*... Caxambu, 2001.

SANTOS, José Vicente Tavares. A violência na escola: conflitualidade social e ações civilizatórias. *Educação e Pesquisa*, São Paulo, v. 27, n. 1, p. 105-122, jan./jun. 2001.

SÃO PAULO (SP). Secretaria da Educação. Coordenadoria de Gestão da Educação Básica. *Reorganização do ensino fundamental e do ensino médio* / Secretaria da Educação, Coordenadoria de Gestão da Educação Básica. São Paulo: SEE, 2012. p. 20-21.

______. *Deliberação CEE n. 9/97*. Institui no sistema de ensino do Estado de São Paulo, o regime de progressão continuada no ensino fundamental. D. O. SP, São Paulo, 17 dez. 2011.

______. *Resolução SE, n. 81*, de 16/12/2011, estabelece diretrizes para a organização curricular do Ensino Fundamental e do Ensino Médio nas escolas estaduais. D.O. SP, São Paulo, 17 dez. 2011.

______. Resolução SE, nº 19, 12-02-2010, institui o Sistema de Proteção Escolar na rede estadual de ensino de São Paulo e dá providências correlatas. D.O. SP, São Paulo, 13 fev. 2010.

______. Secretaria da Educação. *Caderno do gestor:* gestão do currículo na escola. Volume 1. São Paulo: SEE, 2010.

SANDER, Benno. *Gestão da educação na América Latina*: construção e reconstrução do conhecimento. Campinas: Autores Associados, 1995.

SCOCUGLIA, Afonso Celso. *A história das ideias de Paulo Freire e a atual crise de paradigmas*. João Pessoa: UFPB, 1997.

SOUZA, R. C. Punição e Disciplina: A revista do ensino e as Reformas Educacionais Mineiras (1925-1930). In: REUNIÃO ANUAL ANPED, 2002, Cax-ambu. *Anais*... Caxambu: Anped, 2002. 1 CD-ROM.

SCRIBNER, S.; COLE, M. Cognitive consequences of formal and informal education. *Science*, n. 182, 553-559.

SILVA, Tomaz Tadeu da. *O sujeito da educação*. 3. ed. Petrópolis: Vozes, 1994.

SPOSITO, Marília Pontes. A instituição escolar e a violência. *Cadernos de Pesquisa*, São Paulo, n. 104, p. 58-75, jul. 1998.

______. Um breve balanço da pesquisa sobre violência no Brasil. *Educação e Pesquisa*. São Paulo, v. 27, n. 1, jan./jun., 2001, p. 87-103. Disponível em: hptt: www.scielo.br/scielo.php?pid=s1517-97022001000100000&script=sci_artext. Acesso em: 29 jan. 2010.

______. *O povo vai à escola*. São Paulo, Loyola, 1984.

TIBURI, Márcia A. A crítica da estética pura de Vilém Flusser. In: *Especiaria* – Cadernos de Ciências humanas/Universidade Estadual de Santa Cruz, v. 11, n. 19, p. 225-243, jan./jun. 2008. Ilhéus: Editus, 2009.

VASCONCELLOS, Celso S. *Disciplina*: construção da disciplina consciente e interativa em sala de aula e na escola. 7. ed. São Paulo: Libertad, 1996.

VIGOTSKI, L.S. Estudio del desarrollo de los conceptos científicos en la edad infantil. In: ______. *Obras escogidas*. 2. ed. Madrid: A. Machado Líbros, 2001. V. 2, p. 181-285.

______. La percepción y su desarrollo en la edad infantil. In: ______. *Obras escogidas*. 2. ed. Madrid: A. Machado Líbros, 2001. V. 2, p. 351-368.

______. El problema dele linguaje y el pensamiento del niño en la teoría de Piaget. In: ______. *Obras escogidas*. 2. ed. Madrid: A. Machado Líbros, 2001. V. 2, p. 29-80.

______. Dominio de la atención. In: ______. *Obras escogidas*. Madrid: Visor, 1995. V. 3, p. 213-245.

______. Génesis de las funciones psíquicas superiores. In: ______. *Obras escogidas*. Madrid: Visor, 1995. V. 3, p. 139-168.

VALE, José Misael Ferreira do. Administração Escolar e Educacional. *Série Idéias*, São Paulo, FDE, n. 16, 1993.

VEIGA, Ilma Passos A. (Org.). *Projeto político-pedagógico da escola*: uma construção possível. Campinas: Papirus, 1995.

WEREBE, Maria José Garcia; NADELBRULFERT, Jacqueline. *Henri Wallon*. São Paulo: Ática, 1986.

XAVIER, Maria Luiza M. de Freitas. Os incluídos na escola: o disciplinamento nos processos emancipatórios. In: REUNIÃO ANUAL DA ASSOCIAÇÃO NACIONAL DE PÓSGRADUAÇÃO E PESQUISA EM EDUCAÇÃO, 2003, Poços de Caldas. *Anais*... Poços de Caldas: Anped, 2003. p. 1-17. Disponível em: http://www.anped.org.br/reunioes/26/inicio.htm. Acesso em: 14 fev. 2008.

ZALUAR, Alba; LEAL, Maria Cristina. Violência extra e intramuros. *Revista Brasileira de Ciências sociais*, São Paulo, v. 16, n. 45, fev. 2001. Disponível em http://www.scielo.br/pdf/rbcsoc/v16n45/4335.pdf.

ANEXOS

ANEXO I – Texto (com edição) sobre o *locus* escolar estudado na pesquisa.

Fonte: Jornal *Folha de São Paulo*

24/06/2005

Um dia na maior escola estadual de São Paulo

GABRIELA LONGMAN E OCTÁVIO MOTTA FERRAZ

Da equipe de *trainees*

Gustavo Scatena/Equipe de Trainees

A maior escola de São Paulo: Com 8.500 metros quadrados de área construída....

Às 5h30, a zeladora M F, 48, sai de sua casa, percorre os corredores e abre os portões da [...]. Começa mais um dia na maior escola estadual de São Paulo. Pelos 8.500 metros quadrados dos prédios da escola (são 14.000 metros quadrados de terreno), passam, em três turnos, 3.600 alunos de ensino fundamental, médio e supletivo. Numa quinta-feira do mês de junho, a *Folha* acompanhou, por um dia, a rotina dos alunos, professores e funcionários da escola, que fica no distrito de Perus (zona norte de São Paulo). A escola tem laboratório de informática, biblioteca equipada com 10 mil livros e até aparelho de "datashow". A quadra poliesportiva coberta lembra a das melhores escolas particulares.

Mas os banheiros, precários, não têm sequer papel higiênico e a merenda é comida em pé porque faltam cadeiras no refeitório. A escola enfrenta também problemas característicos de boa parte das escolas públicas brasileiras: no dia da visita da Folha, faltaram nove professores do turno matutino. Segundo dados fornecidos pela secretaria da escola, há professores que já faltaram mais de 25 dias desde o início deste ano. São aproximadamente 150 docentes para as 84 turmas de manhã, tarde e noite. Uma das tarefas mais difíceis é cativar a atenção dos alunos. Um grupo formado por professores de química, física, português, biologia e matemática se reúne todas as sextas-feiras para debater técnicas interdisciplinares para o ensino de suas matérias.

No final do dia, a mesma M. F., que ajuda também na preparação das merendas, fecha os portões da escola e solta seus cachorros no pátio. Ela se orgulha de nunca terem roubado nada na escola nos cinco anos em que mora e trabalha lá.

Disponível em: http://www1.folha.uol.com.br/folha/treinamento/educacao/te2406200550.shtm

ANEXOS II – QUESTIONÁRIO DE PESQUISA AOS PAIS / RESPONSÁVEIS

1. O Senhor acredita que Direção/diretor influencia na organização da escola, na disciplina e consequentemente na aprendizagem dos alunos?

( ) SIM ( ) NÃO

2. Para o Senhor, quem dá as diretrizes, por isso são os principais responsáveis pela qualidade do ensino, pela disciplina, pela organização, pela motivação dos alunos e pelo sucesso ou fracasso escolar numa escola?

( ) Os diretores ( ) Os professores ( ) O pesssoal da Secretaria

3. Os alunos que são punidos pela escola/pela Direção melhoram de comportamento?

( ) SIM ( ) NÃO ( ) NEM SEMPRE

4. Quem é responsável pela aprendizagem dos alunos?

( ) Os diretores de escola

( ) Os professores

( ) O pesssoal da Secretaria

5. A rigidez da escola para com alunos indisciplinados influencia na aprendizagem de seu filho, ou seja, ele aprende mais, tornando-se mais dedicado?

( ) SIM ( ) NÃO

6. É necessário que em uma escola haja controle de disciplina?

( ) SIM ( ) NÃO

7. A disciplina é:

( ) ordem/organização comportamento necessário para se fizer algo.

( ) controle sobre os outros, no trabalho e na função, abuso de poder.

QUESTIONÁRIO DE PESQUISA PARA PROFESSORES

1. O Senhor entende que quem deve cuidar de casos de alunos que se mostram indisciplinados na escola/sala de aula é?

( ) Professor ( ) Direção ( ) Ambos

2. O Senhor acha que a indisciplina tolerada na escola reflete na indisciplina em sala de aula?

( ) SIM ( ) NÃO ( ) NÃO SOUBE RESPONDER

3. Quando os alunos que atrapalham a aula ou não colaboram pelo andamento desta são retirados da aula para outra autoridade e cuidar, o Senhor acha que melhora a imagem do professorque ele conquista mais respeito por parte dos outros alunos?

( ) SIM ( ) NÃO

4. Os alunos que são punidos pela escola Direção de escola melhoram de comportamento?

( ) SIM ( ) NÃO ( ) NEM SEMPRE

5. Os alunos, de quem são requisitados os pais na escola, geralmente melhoram de comportamentos inadequados em sala de aula e levam mais a sério o professor?
( ) SIM ( ) NÃO ( ) NEM SEMPRE

6. A rigidez da escola para com alunos indisciplinados reflete na sala de aula, tornando-os mais cooperativos, as aulas ficam mais significativas, deixando o professor mais seguro em atingir seus objetivos?
( ) SIM ( ) NÃO ( ) NÃO SOUBE RESPONDER

7. Para o Senhor, quem deve ser o responsável pela disciplina na escola?
( ) A Direção ( ) Os professores ( ) A Secretaria

8. O Senhor acha que o TIPO/ESTILO de GESTÃO de ESCOLA influencia no comportamento dos alunos, deixando-os mais ou menos indisciplinado?
( ) SIM ( ) NÃO

9. Há casos em que a intervenção do professor na resolução de problemas de indisciplina na aula é positiva, no entanto,
( ) a Direção da escola surte mais efeito, pois eles a Direção é autoridade maior.
( ) os professores são desinteressados.

10. Cuidar da indisciplina de aluno não é função de professor, principalmente porque o profissional:
( ) se desgasta, perdendo energia para as explicações e gestão da aprendizagem.
( ) os alunos não levam a sério, e professor gosta de moleza.

11. Por parte dos professores, muitas vezes mudar o método também colabora coma melhoria nos problemas de indisciplina. Qual a maneira mais prática?
( ) Usar recursos das TICs.
( ) Escrever no quadro de giz.
( ) Fazer um piquenique.

12. Ao mudar a dinâmica das aulas, como usar computadores ou envolvê-los em atividades que exijam habilidades ligadas à arte, o Senhor percebe que os alunos que são geralmente indisciplinados em sala de aula em situações de aula expositiva

( ) conseguem se desenvolver/destacar/ter mais rendimento.

( ) continuam indisciplinados.

13. Atualmente o que mais pode ser apontado como problema/o que mais tira a atenção do aluno na hora da aula/explicação?

( ) O uso de celular e acessório.

( ) O uso de livros de outra disciplina.

( ) Conversa paralela.

14. A disciplina é:

( ) ordem/organização comportamento necessário para se fazer algo.

( ) controle sobre os outros, no trabalho e na função.

QUESTIONÁRIO DE PESQUISA PARA ALUNOS em geral

1. Você concorda com o professor que retira da sala o aluno que atrapalha a aula?

( ) SIM ( ) NÃO

2. O que mais deixa você com medo de ser repreendido pelo professor?

( ) Quando ele briga com você.

( ) Quando o professor lhe manda para a Direção.

3. Você acha que a escola deve ser rígida com alunos que apresentam comportamentos indisciplinados como atrapalhar a aula e perturbar a ordem?

( ) SIM ( ) NÃO

4. Você acha que uma Direção mais rígida com alunos indisciplinados aumentar o nível das aulas?

( ) Melhoram ( ) Pioram ( ) Indiferente

5. Você acha que em situações de indisciplina que atrapalham aprendizagem em sala de aula:
( ) só a conversa do professor resolve.
( ) deve haver medidas mais rígidas por meio da Direção da escola.

6. Qual a escola que melhor o aluno aprende? A escola que
( ) tolera a indisciplina, faz "vistas grossas".
( ) a escola que pune com regras mais rígidas.

7. Quando você aprende mais sobre as coisas?
( ) quando o professor explica na sala/ no quadro.
( ) quando você vai à internet.

8. Você concordaria em diminuir com o número de professores pela metade e ter computadores na maior parte do tempo para estudar?
( ) SIM ( ) NÃO

9. O que você optaria em fazer se lhe fosse oferecida tal opção?
( ) Estudar na sala com um professor.
( ) Estudar na sala de informático acessando a internet.

PESQUISA PARA ALUNOS que sofreram penalidades por indisciplina

1. O que mais se torna preocupante pra você em uma situação de ADVERTÊNCIA?
( ) Levar uma bronca do professor. ( ) Ser convocado.

2. Você se preocupa em não apresentar MAIS um comportamento indisciplinado depois de ser convocado pela Direção?
( ) SIM ( ) NÃO ( ) NÃO SOUBE RESPONDER

3. O que mais lhe causa preocupação, e faz você evitar reincidência em atos indisciplinados. Ser advertido:
( ) pelo professor ( ) pela Direção da escola

4. Por quê?
( ) É uma autoridade maior. ( ) Tanto faz.

5. Você acha legal ser advertido pelo professor em sala de aula?
( ) SIM ( ) NÃO

6. Por quê?
( ) Causa vergonha/É melhor distante dos colegas.
( ) Tanto faz.

7. Você se preocupa em colaborar e prestar mais atenção às aulas depois que foi convocado pela direção para uma "conversa"?
( ) SIM ( ) NÃO ( ) NÃO SOUBE RESPONDER

8. Você trocaria a aula do professor na qual você sofreu a penalidade de indisciplina por outra aula da mesma disciplina, do tipo virtual, em computadores?
( ) SIM ( ) NÃO

9. Na hora da aula, o que é mais interessante?
( ) O que tem no celular. ( ) A fala do professor.

10. Você concorda que todos que infringem regras estabelecidas devem ser:
( ) punidos para não se repetir.
( ) devem ser esquecidos, porque todo mundo erra.

11. O que fez você praticar tal comportamento de indisciplina?
( ) Foi um protesto.
( ) Preguiça/para não estudar.
( ) Medo.
( ) Chamar atenção.